Marc Dohm

Personalisierung von E-Commerce Anwendungen auf (

Konzipiert und realisiert für die ZF Anwendung Druckschriftenverzeichnis

Marc Dohm

Personalisierung von E-Commerce Anwendungen auf der Basis von MS Site Server

Konzipiert und realisiert für die ZF Anwendung Druckschriftenverzeichnis

diplom.de

Bibliografische Information der Deutschen Nationalbibliothek:

Bibliografische Information der Deutschen Nationalbibliothek: Die Deutsche Bibliothek verzeichnet diese Publikation in der Deutschen Nationalbibliografie; detaillierte bibliografische Daten sind im Internet über http://dnb.d-nb.de/ abrufbar.

Copyright © 1999 Diplomica Verlag GmbH
Druck und Bindung: Books on Demand GmbH, Norderstedt Germany
ISBN: 978-3-8386-2101-2

http://www.diplom.de/e-book/217935/personalisierung-von-e-commerce-anwendungen-auf-der-basis-von-ms-site-server

Marc Dohm

Personalisierung von E-Commerce Anwendungen auf der Basis von MS Site Server

Konzipiert und realisiert für die ZF Anwendung Druchschriftenverzeichnis

Diplomarbeit
an der Berufsakademie Ravensburg
Fachbereich Wirtschaft
Institut für Wirtschaftsinformatik,
September 1999 Abgabe

Diplomarbeiten Agentur
Dipl. Kfm. Dipl. Hdl. Björn Bedey
Dipl. Wi.-Ing. Martin Haschke
und Guido Meyer GbR

Hermannstal 119 k
22119 Hamburg

agentur@diplom.de
www.diplom.de

ID 2101
Dohm, Marc: Personalisierung von E-Commerce Anwendungen auf der Basis von MS Site Server: Konzipiert und realisiert für die ZF Anwendung Druchschriftenverzeichnis /
Marc Dohm - Hamburg: Diplomarbeiten Agentur, 2000
Zugl.: Ravensburg, Berufsakademie, Diplom, 1999

Diplomica GmbH
http://www.diplom.de, Hamburg 2000
Printed in Germany

Diplom.de

Wissensquellen gewinnbringend nutzen

Qualität, Praxisrelevanz und Aktualität zeichnen unsere Studien aus. Wir bieten Ihnen im Auftrag unserer Autorinnen und Autoren Wirtschafts-studien und wissenschaftliche Abschlussarbeiten – Dissertationen, Diplomarbeiten, Magisterarbeiten, Staatsexamensarbeiten und Studien-arbeiten zum Kauf. Sie wurden an deutschen Universitäten, Fachhoch-schulen, Akademien oder vergleichbaren Institutionen der Europäischen Union geschrieben. Der Notendurchschnitt liegt bei 1,5.

Wettbewerbsvorteile verschaffen – Vergleichen Sie den Preis unserer Studien mit den Honoraren externer Berater. Um dieses Wissen selbst zusammenzutragen, müssten Sie viel Zeit und Geld aufbringen.

http://www.diplom.de bietet Ihnen unser vollständiges Lieferprogramm mit mehreren tausend Studien im Internet. Neben dem Online-Katalog und der Online-Suchmaschine für Ihre Recherche steht Ihnen auch eine Online-Bestellfunktion zur Verfügung. Inhaltliche Zusammenfassungen und Inhaltsverzeichnisse zu jeder Studie sind im Internet einsehbar.

Individueller Service – Gerne senden wir Ihnen auch unseren Papier-katalog zu. Bitte fordern Sie Ihr individuelles Exemplar bei uns an. Für Fragen, Anregungen und individuelle Anfragen stehen wir Ihnen gerne zur Verfügung. Wir freuen uns auf eine gute Zusammenarbeit.

Ihr Team der Diplomarbeiten Agentur

Diplomica GmbH
Hermannstal 119k
22119 Hamburg

Fon: 040 / 655 99 20
Fax: 040 / 655 99 222

agentur@diplom.de
www.diplom.de

Inhaltsverzeichnis

Abbildungsverzeichnis

Abkürzungsverzeichnis

ACE	Access Control Entry
ACL	Access Control List
ADSI	Active Directory Service Interface
ASP	Active Server Pages
AUO	Active User Object
B2B	Business-to-Business
B2C	Business-to-Consumer
BLOB	Binary Large Object
CGI	Common Gateway Interface
CIP	Commerce Interchange Pipeline
COM	Component Object Model
CSBW	Commerce Site Builder Wizard
DBMS	Database Management System
DCOM	Distributed Component Object Model
DIT	Directory Information Tree
DPA	Distributed Password Authentication
EDI	Electronic Data Interchange
EPK	Ereignisgesteuerte Prozeßkette
FAT	File Allocation Table
IE	Internet Explorer
IIS	Internet Information Server
ISP	Internet Service Provider
KEF	Kritischer Erfolgsfaktor
LDAP	Lightweight Directory Access Protocol
MD	Membership Directory
MDM	Membership Directory Manager
MMC	Microsoft Management Console
MTA	Microsoft Transaction Server
NTFS	New Technology File System/ NT File System
ODBC	Open Database Connectivity
OFTP	ODETTE File Transfer Protocol
OPP	Order Processing Pipeline
P&M	Personalization and Membership
RDBMS	Relational Database Management System
RFC	Request for Comment
SAM	Security Access Manager
SID	Security ID
SKU	Stock Keeping Unit
SQL	Structured Query Language
SSL	Secure Socket Layer
SSPI	Support Service Provider Interface
WSH	Windows Scripting Host

1. Einleitung

Das Internet wird allgemein als der „Markt der Zukunft" angesehen. Es ist ein Markt, der viele Chancen und noch ungenutzte Potentiale bietet. Motiviert durch den Wunsch neue Marktanteile zu erschließen, das Image aufzubessern oder die Kommunikationswege zum Kunden (Business-to-Consumer) zu verkürzen, präsentieren sich die meisten Firmen heute im Internet. Subsumiert sind dies alles Motivatoren, die sich zumindest langfristig in einer Gewinnsteigerung der Unternehmen widerspiegeln sollten.

Mit einem einfachen Internetauftritt wird allerdings in der Regel kein Gewinn erzielt. Weniger als 10 Prozent aller Firmen weltweit können bis dato Gewinne im Bereich E-Commerce verbuchen. Die Amerikaner sind in der erfolgreichen Umsetzung und Nutzung des digitalen Marktes führend. Innerhalb Europas ist Deutschland dominierend. Dies läßt sich auf das bessere Know-How zurückführen.

In einer, in der Computer- Zeitschrift „Internetworld" veröffentlichten Marktanalyse von Datamonitor hatte Deutschland 1998 (mit einem Umsatz von 160 Mio. US-Dollar) einen Umsatzanteil von weit über 50 Prozent am gesamteuropäischen Internet-Markt. Datamonitor prognostiziert bis 1999 einen europäischen Gesamtumsatz von 775 Mio. US- Dollar. Dieses explosionsartige Wachstum soll das Umsatzvolumen bis 2003 auf 8,6 Milliarden US- Dollar steigern.

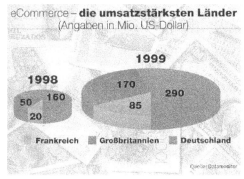

Abbildung 1: E-Commerce Umsätze in Europa
Quelle: Internet World, Ausgabe 8/99, S. 13

Wer wirklich Gewinne mittels E-Commerce erwirtschaften möchte, sollte neben der Verwendung eines ansprechenden Designs und eines anwenderfreundlichen Shopsystems v.a. die Kunst beherrschen dem potentiellen Kunden alle für ihn interessanten Informationen zur Verfügung zu stellen. Diese individuelle kundenorientierte Informationsbereitstellung und deren Vermarktung wird heute unter dem Begriff „Personalisierung" zusammengefaßt.

Die Oberflächen-Gestaltung sollte bei professionellen Auftritten Aufgabe der Marketingabteilung oder einer Werbeagentur sein und ist nicht Gegenstand dieser Arbeit[1].

Analog zur Problematik der Entscheidungsfindung zwischen Standardsoftware und Individualsoftware zur computergestützten Abwicklung von Geschäftsprozessen im Geschäftsalltag, lassen sich E-Commerce Anwendungen mittels diverser Entwicklungsplattformen selbständig entwickeln oder unter Verwendung von Standardsoftware für E-Commerce-Systeme[2] den gegebenen Bedürfnissen entsprechend parametrisieren.

In der Entwicklungs- und Testphase ist der Aufwand bei einer Eigenentwicklung (Individualsoftware) am höchsten. Diese muß erst die nötige Stabilität erreichen, die vorgefertigte Systeme bereits bieten (sollten).
Weiterentwicklungen, die in der Betriebsphase notwendig werden, fallen bei Individuallösungen relativ aufwandsarm aus, während bei Standardlösungen die vorgedachte Struktur sehr ressourcenintensiv aufgebrochen werden muß. Dafür lassen sich Standardlösungen mittels Konfiguration bzw. Parametrisierung relativ schnell und somit auch kostengünstig einführen.

Die folgende Grafik zeigt die durchschnittliche Kostenverteilung verschiedener Lösungsansätze in den verschiedenen Projektphasen beim Aufbau eines Shopsystems.

---

[1] Beispielhaft möchte ich u.a. aus Gründen des Designs an dieser Stelle trotzdem den Webauftritt von Volkswagen unter http://www.volkswagen.de anführen, auf den zu einem späteren Zeitpunkt in einem anderen Zusammenhang noch einmal eingegangen wird.
[2] Z.B. Intershop – nicht zu verwechseln mit Standardsoftware i.e.S. wie beispielsweise SAP, BAAN, etc.

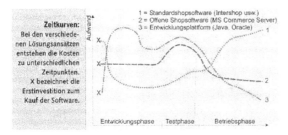

Zeitkurven: Bei den verschiedenen Lösungsansätzen entstehen die Kosten zu unterschiedlichen Zeitpunkten. X bezeichnet die Erstinvestition zum Kauf der Software.

1 = Standardshopsoftware (Intershop usw.)
2 = Offene Shopsoftware (MS Commerce Server)
3 = Entwicklungsplattform (Java, Oracle)

Entwicklungsphase   Testphase   Betriebsphase

Abbildung 2: Zeitkurven

Quelle: KRAUSE/Jörg, Shop nach Maß, E- Shops: Standard versus Eigenbau, in Internet Professional, Heft 8, 1999, S. 56- 59

Eine dritte Alternative bietet offene und universelle Shopsoftware, welche in jüngster Zeit v.a. von bereits etablierten Softwareriesen, wie Microsoft mit seinem Commerce Server oder die inzwischen diversifizierte SAP mit dem Internet Transaction Server (ITS) und den neuen E-Commerce Produkten „SAP Business-to-Business Procurement", „SAP Online Store" und „SAP Employee-Self-Service- Anwendungen" angeboten wird. Für SAP R/3- Kunden könnte dies, aufgrund der lediglichen Modul-/Funktionserweiterung im bereits etablierten System, die Ideallösung sein. Ähnlich hierzu bietet der MS Site Server mit seinem Add-On Commerce Server ein offenes und skalierbares Shopsystem, welches sich relativ reibungslos in eine bereits bestehende Back Office Welt integrieren läßt und Schnittstellen zu SAP und anderen Legacy Systemen zur Verfügung stellt.

MS Commerce Server kann dank seiner Assistenten schnell und kostengünstig grobkonfiguriert und programmiertechnisch den individuellen Bedürfnissen angepaßt werden. Hierdurch werden die Vorteile der beiden anderen Ansätze gemeinsam genutzt.

In der ZF Friedrichshafen AG soll ein System zur innerbetrieblichen Prozeßautomatisierung (Workflow) diverser Dienstleistungen auf Intranet- Basis geschaffen werden. Voraussetzung hierfür ist ein transaktionsorientiertes Prozeß- und Shopping-System, welches sich nahtlos in die bestehende Windows NT Welt am Standort (diese besteht allein aus über 3000 NT Workstations und ca. 70 NT Servern) integrieren läßt. Das System soll transparent und leicht modifizierbar sein, da bereits die unterschiedlichsten Anforderungen, welche mit diesem System realisiert werden sollen, von den Fachbereichen gestellt wurden. Bei diesen Anforderungen handelt es sich primär um Kostenersparnisse durch die Automatisierung von Bestell- und Buchungsvorgängen oder um Verkürzungen der Kommunikationswege durch Bereitstellung zentraler Informations- und Diskussionplattformen bis hin zu Maßnahmenkatalogen.

Durch die gute Skalierbarkeit und reibungslose Integration in die Back Office Welt, fiel die Entscheidung, eines hierfür gebildeten Teams, zugunsten von MS Site Server 3.0 Commerce Edition aus.

Ihm wird eine zentrale Rolle in der Konzeption der neuen Server-Farm des Projektes Internet-Intranet-Extranet (IIE) zukommen, wie die folgende Abbildung zeigt:

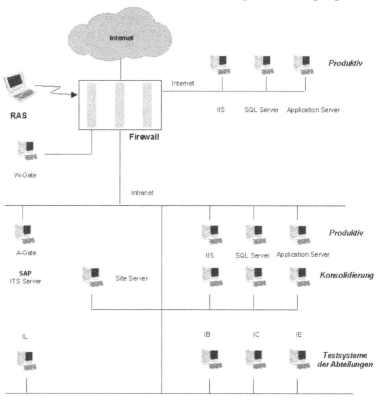

Abbildung 3: Architektur der neuen IIE-Server-Farm in der ZF Friedrichshafen AG

Zu Abb. 3 sei angemerkt, daß es eine Trennung zwischen dem eigentlichen Site Server und seinem Add-On Commerce Server gibt. Aus Gründen der

Lastenverteilung kommen beide zum dedizierten Einsatz. Hinter dem Application Server verbirgt sich der Commerce Server.

Aufgrund der Komplexität dieses Systems beschäftigt sich ein Projektteam mit verschiedenen Modulen. Im Rahmen dieser Arbeit war es meine Aufgabe mich sowohl mit der Personalisierung und Mitgliedschaft (Personalization and Membership [P&M]) als auch mit dem Shopping System (Commerce Server) auseinanderzusetzen. Der Großteil der Anforderungen wird auf der Basis dieser beiden Kernkomponenten realisiert werden.

Ziel dieser Arbeit ist sowohl die Erläuterung des Konzeptes und der unterschiedlichen Werkzeuge aus dem P&M- Bereich als auch die Darstellung von Funktionsweise, Struktur, Tools und den wichtigsten Objekten des Commerce Servers.

Der Leser soll letztendlich in die Lage versetzt werden eine personalisierte E-Commerce Anwendung auf der Basis von MS Site Server zu konzipieren und das programmiertechnische Konzept zu verstehen.

Zur Vorgehensweise: Zuerst möchte ich die allgemeine Architektur des Site Servers beschreiben (Kapitel 2) und danach je ein Kapitel der Personalisierung (Kapitel 3) und dem Commerce Server (Kapitel 4) widmen. Am Beispiel eines von mir realisierten Prototypen sollen diese Erläuterungen veranschaulicht werden (Kapitel 5). Abschließend sollen die Aussichten dieser Plattform angesprochen werden (Kapitel 6).

2. Back Office und das Internet
2.1. Der Einfluß des Internets

In der Microsoft- Terminologie wird klar zwischen Client und Server unterschieden. So verbirgt sich hinter dem Office-Paket das clientseitige Frontend[3], während das serverseitige Backend als Back Office bezeichnet wird.

Noch bis Mitte der 90er Jahre setzte sich die Back Office Welt aus den in der Grafik

---

[3] Anmerkung: Das Office Paket wird fast ausschließlich als autarke Anwendung verwendet und kommt nur selten als Client- Server- Anwendung zu tragen. Trotzdem wird es von Microsoft als Frontend gesehen.

aufgeführten Servern zusammen.

Abbildung 4: Die Microsoft Back Office-Produktreihe vor der Internetrevolution
Vgl: KATTNER/Holger, RODAX, Holm, Windows NT 4.0 im Internet,
Bonn: 1998 Addison-Wesley 1998, S.21- 25

Auf der Betriebssystem-Basis von Windows NT Server waren verschiedene, in Form von Diensten, implementierte Anwendungs-Server erhältlich. So standen mit dem SQL- Server ein leistungsstarker, relationaler Datenbank-Server, mit dem SNA-Server ein Gateway zur Hostanbindung und mit dem SMS Server ein System zur zentralen Netzwerkwartung zur Verfügung. E-Mail- und Groupware- Anforderungen können mit MS Exchange abgedeckt werden.

Mußte Microsoft bis zum damaligen Zeitpunkt in der Rolle des Reagierenden mit Geduld und einer geschickten Marketingsstrategie um Marktanteile kämpfen, so sah der Redmonder Softwarekonzern mit dem Beginn der Kommerzialisierung des Internets die Chance von vornherein eine Führungsrolle bei der Erschließung eines neuen Marktes zu übernehmen.

Mit der Notwendigkeit, aufgrund diverser Regierungsaufträge, Windows TCP/IP fähig (seit Windows NT 3.51 Standard - zuvor war das ausschließlich in Windows-Netzwerken einsetzbare und nicht Routing fähige Netbeui-Protokoll in der Microsoft- Welt maßgebend) und POSIX kompatibel zu konzipieren, war die technische Grundlage für die Internet- Anbindung gegeben.

Um die geplanten Weiterentwicklungen von Internet fähigen Client-Server Anwendungen zu beschleunigen, wurde u.a. der eigene Webbrowser Internet Explorer auf der Basis von NCSA Mosaic entwickelt und Vermeer Frontpage aufgekauft, dessen Windows-Version des NCSA inetd[4] die Grundlage für den Personal Web Server/Internet Information Server bildete.[5]

---

[4] Internet Server Daemon
[5] Vgl: KATTNER/Holger, RODAX/Holm, Windows NT 4.0 im Internet,
Bonn: 1998 Addison-Wesley, S.22- 23

Mit weiteren Entwicklungen und Zukäufen wurde der Internet Information Server (IIS) um einige Server-Produkte erweitert, die unter dem Codenamen „Normandy" auftauchten. Diese Produktpalette umfaßte Mail-, News- und Verzeichnis- Server und bot eine Alternative zu Netscape SuiteSpot.

Da ein Full-Service-Intranet-System in Konkurrenz zur eigenen Groupware-Lösung, Exchange, stehen würde, wurden aus Normandy zwei verschiedene Produkte entwickelt. Dies war zum einen eine Internet- Hochleistungsplattform namens Microsoft Commercial Internet System (MCIS), welche ausschließlich für ausgewählte Online- Dienste (wie z.B. CompuServe und MSN) verfügbar gemacht wurde, und zum anderen die offiziell erhältlichen Produkte Windows NT Option Pack und MS Site Server, welche beide aus einer Vielzahl von Assistenten und Server- Komponenten bestehen. Die am freien Markt erhältlichen Produkte beinhalten beide einen eingeschränkten SMTP-Dienst, der keine E-Mail-Client-Protokolle (wie z.B. POP, IMAP) unterstützt, sowie einen NNTP-Dienst. So muß bei Intranetlösungen, die ausschließlich auf Back Office basieren, weiterhin auf Exchange zurückgegriffen werden. Für kleine Unternehmen rentiert sich diese Investition oft nicht. Hier empfiehlt es sich oft auf kostengünstigere Lösungen von Drittanbietern, wie z.B. Vpop3 von PSCS, zurückzugreifen.

Das Option Pack aktualisiert den IIS auf die neuste Version 4.0, erweitert ihn um den Index Server zur Indizierung und Volltextsuche in Online-Dokumenten (es werden sowohl ASCII basierte Formate wie html, als auch binär codierte Dateiformate, wie die von Microsoft Office [doc, xls, ppt, mdb] oder auch Internet relevante Formate anderer Anbieter, wie z.B. Adobe's pdf- Format, unterstützt) und bringt außerdem sowohl die eingeschränkten „Express"- Versionen von Site Server's Site- und Usage Analyst zur Wartung und Überwachung von Webseiten als auch die im Leistungsumfang reduzierten News- und Mail- Server aus der Normandy Reihe mit sich.

Zusätzlich können mit dem Certificate Server X.509 Client Zertifikate ausgestellt werden, mit denen eine sichere Datenübertragung bereits auf der Basis von ipv4 mittels Secure Socket Layer (SSL) ermöglicht wird (ipsecure wird SSL in der neuen, noch nicht weit verbreiteten, TCP/ IP- Version ipv6 ablösen).

Zur Entwicklung verteilter Anwendungen werden der Transaction Server und der Message Queue Server mitgeliefert. Beide arbeiten mit nicht standardisierten, an

Netzwerkstrukturen angepaßten Windows- Entwicklungskomponenten wie ActiveX, COM, DCOM und COM+. Dies ist Microsoft's proprietäre Alternative zum gängigen Industrie- Standard CORBA.

Zusätzlich werden eine Reihe von Tools mitgeliefert, von denen ich aufgrund der Anzahl nur die beiden wichtigsten hervorheben möchte. Dies ist zum einen die MS Management Konsole (MMC) und zum anderen der Windows Scripting Host (WSH). Ersteres ist eine administrative Anwendung, in die alle Server des Back-Offices, die über ein eigenes Snap-In (analog zu einem Plug-In für Webbrowser ist ein Snap-In eine Art Plug-In für die MMC) verfügen, integriert werden können. Per Default werden der Internet Information Server, der Site Server und der SQL Server über die MMC verwaltet. Microsoft plant über dieses Tool, ab Windows 2000, sämtliche Server aus der Back Office-Reihe zu verwalten.

Windows Scripting Host ist ein mächtiges Betriebssystem-Tool. Es ermöglicht die Administration mittels Skripten, ähnlich Shell-Skripten in der UNIX-Welt, zu automatisieren.

Zusammengefaßt bietet das Option Pack einen soliden HTTP-Server und die grundlegenden Server-Komponenten zur Erstellung einfacher Webseiten.

MS Site Server dagegen beinhaltet Komponenten zur Entwicklung komplexer Online-Angebote. Er erweitert den Funktionsumfang des Option Packs.

Die folgende Grafik wurde dem Buch „Windows NT 4.0 im Internet" entnommen und hinsichtlich der funktionalen Unterschiede und Erweiterungen zwischen den Site Server Versionen 2.0 und 3.0 überarbeitet.

Die Beschreibung der Komponenten des Site Servers folgt in 2.2. Site Server.

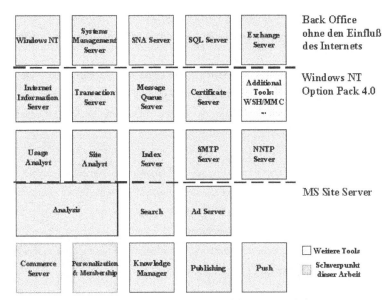

| Windows NT | Systems Management Server | SNA Server | SQL Server | Exchange Server | Back Office ohne den Einfluß des Internets |

| Internet Information Server | Transaction Server | Message Queue Server | Certificate Server | Additional Tools: WSH/MMC ... | Windows NT Option Pack 4.0 |

| Usage Analyst | Site Analyst | Index Server | SMTP Server | NNTP Server | |
| Analysis | | Search | Ad Server | | MS Site Server |

| Commerce Server | Personalization & Membership | Knowledge Manager | Publishing | Push | ☐ Weitere Tools ▨ Schwerpunkt dieser Arbeit |

Abbildung 5: Die Microsoft Back Office-Produktreihe nach der Internetrevolution
Vgl: KATTNER/Holger, RODAX/Holm, Windows NT 4.0 im Internet,
Bonn: 1998 Addison-Wesley 1998, S.24

2.2. Site Server

Der Site Server erweitert einige bereits im Option Pack enthaltene Komponenten in ihrem Funktionsumfang und bringt darüber hinaus noch andere Komponenten mit sich. All diese Komponenten können sowohl über diverse Tools (z.B. Snap-In für MMC) als auch über den Browser administriert werden. Als Frontend für den User dient bei allen Modulen der Webbrowser.

Die Express- Versionen der Analysetools Usage Analyst und Site Analyst aus dem Option Pack werden in das Modul **Analysis** überführt. Dieses ermöglicht die Überwachung der Integrität lokaler und remoter Seiten (Überprüfung der Links, Datenbankanbindung, Vorhandensein aller benötigten Objekte etc.) und diverse Auswertungsmöglichkeiten, welche besonders für Marketingzwecke einsetzbar sind. Informationen über das Kaufverhalten, die Kaufentscheidungsdauer, den Grad der Kundenbindung lassen hiermit sich leicht ermitteln. Auch Frequenzmeßungen und

Statistiken über regionale Teilmärkte lassen sich erstellen (über die Netzwerk-ID der IP-Adresse läßt sich der Aufenthaltsort des Kunden, d.h. zumindest von dessen Provider, bestimmen).

Die Komponente **Search** ist weitgehend mit dem Index Server vergleichbar. Neben lokalen Webseiten lassen sich allerdings zusätzlich die Pages hinter jeder erreichbaren URL indizieren. Zusätzlich können öffentliche Exchange Ordner, Newsgroups und Datenbanken katalogisiert werden.

Das Modul **Publishing** besteht aus den drei Teilkomponenten Content Deployment, Tag Tool und Content Management. Content Deployment dient der Publizierung von Webinhalten. Diese müssen lediglich auf den Webserver transportiert werden, der dann die Übermittlung zum Client übernimmt.

Hilfreich wird der Einsatz dieses Moduls bei komplexen Webumgebungen, in denen mehrere Entwickler arbeiten.

Heute arbeiten einige Mitarbeiter in der Firma, andere von zu Hause, einige sind schneller mit ihrer Arbeit fertig und andere benötigen mehr Zeit. Letztendlich sollten die publizierten Daten aber konsistent sein. Content Deployment übernimmt deren Zusammenführung, Prüfung auf unterschiedliche Versionsstände und den ordnungsgemäßen Transport von Test- bzw. Konsolidierungssystemen auf das Produktivsystem. Neben der automatisierten Replikation lassen sich auch Serveranwendungen, wie Java- Applets oder ActiveX-Controls, installieren. Dadurch wird die automatisierte Installation bzw. Erweiterung von Intranet-/Internet-Anwendungen komplettiert.

Mit dem Tag Tool lassen sich Inhalte kennzeichnen. Prinzipiell sind diese Tags in Ihrer Aufgabe nicht anders als die Meta Tags, die in HTML-Headern verwendet werden. Beide enthalten Meta- Informationen über den eigentlichen Inhalt der Webseite, die zur besseren Klassifizierung und Katalogisierung auf Suchmaschinen dienen. Während die HTML Meta Tags standardisiert sind, können die durch das Tag Tool eingefügten Tags nur von Site Server Komponenten interpretiert werden. Laut der Dokumentation des Site Servers lassen sich hierdurch beispielsweise zielorientiertere Suchergebnisse bei der Verwendung der Search- Komponente erreichen.

Content Management ist für die inhaltliche Bereitstellung selbst verantwortlich. So lassen sich beispielsweise über ein mitgeliefertes und auf dem Microsoft Client (Internet Explorer) installiertes ActiveX-Control Uploads über HTTP mittels Drag & Drop realisieren. Alternativ können RFC 1867 konforme HTTP-Uploads browserunabhängig durchgeführt werden. Es können unter der Verwendung von NT- Berechtigungen Prüfungen des bereitzustellen gewünschten Inhaltes erfolgen. D.h., ein berechtigter Autor darf neue Inhalte auf vordefinierten Bereichen des Webservers veröffentlichen. Ist in diesem Bereich die redaktionelle Prüfung aktiviert, so muß ein Redakteur in einer administrativen HTML-Seite ein Häkchen setzen, damit der neue Inhalt frei geschaltet bzw. der alte Inhalt mit dem neuen überschrieben wird.

Das Prinzip von HTTP basiert darauf, daß ein Client (Browser) eine Anfrage an einen Webserver stellt und dieser jene beantwortet. Der Client „zieht" (pull) die Informationen vom Server. Microsoft versuchte mit der Erfindung der Active Channel, ab dem Internet Explorer 4.0, dieses Prinzip zu erweitern bzw. mit diesem zu brechen. Hinter den Active Channels verbirgt sich serverseitig **Push** (Schieben). Die Idee Microsofts war es, zu definierten Zeitpunkten Webseiten direkt vom Server auf den Client zu übertragen. Da HTTP Daten aber nur in die andere Richtung überträgt, wurde Push so realisiert, daß der Client quasi zu diesen definierten Zeitpunkten die Anfrage (Request) automatisch stellt. Für den Benutzer wirkt dies so, als ob der Server die Verbindung aufgebaut hätte.

Vom Standpunkt der Sicherheit bleibt dieses Prinzip kritisch zu betrachten. Aus diesem Grunde haben sich die Active Channels auch nicht durchgesetzt und spielen in der neusten Version des Internet Explorers 5.x entsprechend auch nur noch eine untergeordnete Rolle. Das Push Modul des Site Servers bietet zwei Möglichkeiten Active Channels bereitzustellen. Zum einen mittels des im Internet üblichem Unicast (Active Channel Server) und zum anderen über Multicast (Active Channel Multicaster). In beiden Fällen abonniert der Client einen Kanal (Channel). Ist serverseitig der Active Channel Server installiert, werden die Daten jedem Client in einer separaten Verbindung zugestellt. Bei der Verwendung des Active Channel Multicasters werden die Daten nur einmalig übertragen und somit von allen Clients gleichzeitig empfangen. So wird durch Multicast Bandbreite gespart, was diese Technologie, gerade im Internet, interessant und ausbaufähig macht.

Der **Knowledge Manager** ist ein zentraler Informationspool im Unternehmen, der direkt auf die Komponenten Search, Push, Personalization & Membership und auf das Tag Tool des Moduls Publishing zurückgreift. Über die Anbindung von Search lassen sich Webseiten, viele Dateitypen, relationale Datenbanken und öffentliche Exchange Ordner durchsuchen und deren Inhalte publizieren. Active Channels lassen sich durch die Interaktion mit der Push-Komponente anbinden. Zusätzlich ermöglicht der Knowlegde Manager das Erstellen und Lesen von Briefings (Mitteilungen). Ähnlich der Unterteilung in öffentliche und private Ordner bei Exchange lassen sich private und öffentliche Briefings erstellen. Öffentliche Briefings sind für jeden lesbar, private nicht. Das Prinzip ist mit dem Konzept der Newsgroups zu vergleichen, allerdings ist der Funktionsumfang des Knowledge Managers wesentlich umfangreicher und komplexer. Die Zugriffsberechtigungen für diese Informationen werden über die Membership-Datenbank oder NT Berechtigungen gesteuert (hierzu mehr in Kapitel 3).

Der **Ad-Server** (Advertising-Server/ Werbe-Server) ist auf die Koordination, Analyse und Abrechnung von Werbebannern spezialisiert. Der Einsatz dieser Komponente ist für hochfrequentierte Webseiten sinnvoll, die Werbeeinnahmen verbuchen. Heute finanzieren sich viele große Internetangebote über Werbung. Marketing- Firmen[6] bieten heute als Dienstleister die Vermittlung und Betreuung von Werbeflächen auf Webseiten an. Hierfür werden dedizierte Werbe-Server, wie der Ad-Server des MS Site Servers, eingesetzt.

Um der heutigen Informationsüberflutung im Internet (oft als „Information Overkill" bezeichnet) entgegen zu wirken und den potentiellen Kunden an sich zu binden, möchte man diesen mit den von ihm gewünschten Informationen versorgen und unerwünschte Daten außen vor lassen. Hierfür ist die Verwaltung von Benutzerprofilen notwendig, die als Grundlage dieser Personalisierung dienen. Berücksichtigt man das enorme Datenvolumen und die eventuell benötigte Vergabe von unterschiedlichen Zugriffsrechten bei häufig frequentierten Seiten, so bleibt die berechtigte Frage nach dem Speichermedium und dessen Architektur nicht aus. Die Lösung liegt in der Membership- Datenbank. Das Kapitel 3 befaßt sich ausführlich

---

[6] Die Firma Adtech (http://www.adtech.de) hat sich beispielsweise auf die Vermittlung von Werbeflächen zwischen Homepage- Betreibern und Werbenden auf der Basis von Tausender-Kontakt- Preisen spezialisiert.

mit Personalisierung und Mitgliedschaft (P&M).

Der **Commerce Server** ist ein Add-On für den Site Server und im Umfang nicht weniger komplex. Er bringt alle grundlegenden Funktionen für E-Commerce Anwendungen, wie Warenkörbe, Kreditkartenauthentifizierung, transaktionsorientierte Buchungsvorgänge, etc. mit sich und wird in Kapitel 4 ausführlich behandelt.

Nachdem in diesem Kapitel die Stellung des Site Servers im Back Office und die Aufgabenbereiche seiner einzelnen Module beschrieben wurde, möchte ich abschließend die architektonische Server-Hierarchie grafisch veranschaulichen.

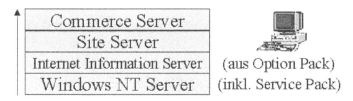

Abbildung 6: Server-Hierarchie: vom NT Server zum Commerce Server

Diese Abbildung soll verdeutlichen, daß sich der Commerce Server nur auf einer Maschine installieren läßt, auf der sich bereits der Site Server befindet. Der Site Server läßt sich wiederum nur auf einem NT Server mit installiertem Option Pack aufsetzen. Das Option Pack selbst ist in beschränktem Umfang auch auf einer NT Workstation (Peer Web Service) und Windows 95/98 (Personal Webserver) als Webserver installierbar , setzt aber in jedem Fall mindestens Service Pack 3 voraus. MS Site Server sollte aus Gründen der Performance und eines Bugs nicht auf Domänen Controllern installiert werden.

Vorab soll darauf hingewiesen werden, daß Anwendungen, die mit dem Site Server realisiert werden, auf der Basis von Active Server Pages (ASP) beruhen. ASP ist Microsofts Alternative zu den seit Jahren in der UNIX- Welt etablierten PERL und CGI-Skripten oder den heute in UNIX- Umgebungen immer häufiger verwendeten

Surflets[7]. ASP unterstützt diverse Skriptsprachen, wie JScript oder VBScript. Diese Skripts können Design, Funktion und Daten[8] von Webanwendungen manipulieren. Hierfür wird das Skript in HTML Dateien eingebunden, welche unter der Extension .asp gespeichert werden. Hierdurch erkennt der Webserver, daß er dieses Skript zuerst serverseitig ausführen muß, bevor er dem Client die eigentliche HTML Seite schickt. Da der Client keine Skriptsprache verstehen muß und die generierte Webseite auf HTML Standard basieren kann, sind browserunabhängige Anwendungen leicht zu entwickeln. Durch die Verwendung eines Browsers als Frontend ist der Client gleichzeitig plattformunabhängig. Eine weitere Unabhängigkeit, welche Systeme offener und damit interessanter gestalten, ist ein hoher Grad an Datenbank-Skalierbarkeit. Datenbankanbindungen werden ausschließlich über Open Database Connectivity (ODBC) realisiert. Hierdurch sind alle relationalen Datenbanksysteme (RDBMS), für die ein ODBC- Treiber verfügbar ist, als DBMS einsetzbar. Über eine Vielzahl an serverseitigen COM- Objekten ist eine Anbindung und Nutzung anderer Anwendungen, wie das restliche Back Office und Drittanbietersoftware , möglich. Das Prinzip ist objektorientiert. Diese COM-Objekte sind Klassen, von denen in ASP- Skripten Instanzen abgeleitet und verwendet werden[9].

3. Personalisierung und Mitgliedschaft

3.1. Gedanken zur Personalisierung

Die Personalisierung (Personalization) kann als individuelle, interessenorientierte Informationsaufbereitung für verschiedene Personen oder Benutzergruppen verstanden werden. Sie wird heute bereits als Kritischer Erfolgsfaktor (KEF) für E-Commerce Shops eingestuft![10] Sie beginnt bei weitlaufenden Gruppierungen, die auf wenigen, aber immer vorhandenen Informationen, wie beispielsweise den einzelnen Werten aus dem IP- Header des Client- Requests an den Webserver,

---

[7] Surflets sind serverseitige Java Komponenten
[8] Weshalb diese Trennung bei komplexen Anwendungen sehr wichtig ist, wird in DONOVAN/John J., The Second Industrial Revolution, Upper Saddle River: 1997 Prentice Hall PTR, S.66 sehr gut veranschaulicht.
[9] Dies soll zum Grundverständnis von ASP dienen. Gute Einführungen in ASP für Entwickler geben die Bücher: HETTIHEWA/Sanjaya, Active Server Pages in 14 Tagen, München: 1998 SAMS und KRAUSE/Jörg, Microsoft Active Server Pages, München: 1998 Addison-Wesley.
[10] KEF im E-Commerce Geschäft werden in Kapitel 4.1 näher erläutert.

beruhen. So kann beispielsweise durch eine DNS-Abfrage aus der IP- Adresse des Clients dessen geographische Lage ermittelt werden. Der Inhalt der Webseiten kann entsprechend dem Lande personalisiert werden. So könnte z.b. ein amerikanischer Besucher die Site in englisch und ein deutscher Surfer in deutsch zu sehen bekommen. Neuigkeiten könnten im regionalen Kontext aufbereitet werden. Bei der Verwendung einer globalen .com- Domäne würde die Anwendung transparent wirken. Des weiteren lassen sich auch Betriebssystem und Browserversion auslesen und Seiten könnten entsprechend optimiert (personalisiert) werden.

Dem Server muß bei einer individuelleren Personalisierung zur Datenaufbereitung übermittelt werden, um welchen Benutzer es sich handelt. Die hierfür notwendige Authentifizierung kann über verschiedene Methoden, welche in Kapitel 3.2. genauer vorgestellt werden, durchgeführt werden.

Ist der Benutzer dem System einmal bekannt, so kann sein Surfverhalten analysiert und weitere Inhalte entsprechend beeinflußt werden. Der wohl bekannteste personalisierte Online-Store ist die virtuelle Buchhandlung Amazon[11]. Ist ein Benutzer einmal registriert und hat beispielsweise ein Buch über Datenbankdesign und einen Roman bestellt, so bekommt er bei seinem nächsten Besuch auf Amazon Hinweise zu Neuerscheinungen oder Angeboten im Datenbank- und im Roman-Bereich.

Eine besonders kritische Stellung bezüglich der Personalisierung nehmen die immer häufiger im Web zu findenden Portale ein. Diese lassen sich teilweise auch personalisieren (eigene Navigationsmenüs lassen sich auf vielen Webseiten in Form von Profilen häufig individuell parametrisieren) und stehen aufgrund ihres firmenpolitischen Hintergrunds im Zielkonflikt mit dem eigentlichen Personalisierungsinteresse. Dient letzteres dazu die Benutzerfreundlichkeit und dessen Zufriedenheit durch „Informationsbereitstellung nach Wunsch" zu maximieren, zielen Portale primär auf die Manipulation bzw. Einschränkung von Informationen aus kommerziellen Interessen ab.
Portale, als realisiertes Resultat von Kooperationsverträgen, sind einer Vorauswahl von Informationen unterzogen worden. Es mangelt bei ihnen deshalb an der

---

[11] Siehe http://www.amazon.com (international) bzw. http://www.amazon.de (deutsch)

gewünschten Objektivität. Beispielsweise bezahlte Amazon für eine privilegierte Stellung bei den Webangeboten Excite 25 Mio. US-Dollar, AOL 19 Mio. US- Dollar und Yahoo eine nicht veröffentlichte Summe.[12]

Diskutieren wir nun die verschiedenen Authentifizierungsmöglichkeiten und die Vergabe von Zugriffsberechtigungen im nächsten Abschnitt.

3.2. Authentifizierung und Autorisierung

Sollen den einzelnen Benutzern personalisierte Inhalte zur Verfügung gestellt werden, so müssen sich diese zuerst beim System anmelden (Authentifizierung). Ist dem System einmal bekannt mit wem es interagiert, kann es Inhalte und Zugriffsrechte entsprechend personengebunden vergeben. Bei letzterem sprechen wir von Autorisierung.

Innerhalb von Windows NT Umgebungen werden Benutzer auf Verzeichnis- und Dateiebene autorisiert. Hierfür wurde das Dateisystem NTFS geschaffen, welches, im Gegensatz zu FAT, lokale Sicherheit ermöglicht. Jedes Benutzer- und Gruppenkonto in einer Windows NT Domäne oder Arbeitsgruppe besitzt seine eigene Security ID (SID)[13]. Diese wird zentral im Security Access Manager (SAM), welcher Bestandteil der Registry ist, verwaltet.

Einzelnen Verzeichnissen und Dateien können NTFS- Zugriffsberechtigungen vergeben werden (Access Control Entries [ACE]), d.h. ihre SID wird der Ressource[14] zugeordnet.

Die Authentifikation kann auf verschiedenen Wegen erfolgen. In Kapitel 3.2.1. werden die verschiedenen Authentifizierungsmöglichkeiten des Internet Information Servers diskutiert, in Kapitel 3.2.2. und 3.2.3. das erweiterte Konzept der Mitgliedschaft des Site Servers und im Abschnitt 3.2.4. sollen die Vorteile der Anbindung des kompatiblen OSI Standards LDAP, der in den RFC's 1777 und 1778 definiert ist, erläutert werden.

---

[12] Vgl. KLEIN/Pit, Bitte eintreten, in Internet World, Heft 7, 1999, S. 34-36
[13] Deshalb sollte ein Administrator in einer NT Welt niemals Maschinen klonen. Wird in eine eingedrungen, stehen dem Angreifer auch die anderen offen!
[14] Zur Ressource wird eine Access Control List [ACL] geführt, in der alle ACEs aufgeführt sind, die auf die Ressource zugreifen dürfen.

Eine weitere Möglichkeit der Authentifizierung ist der Einsatz von Secure Socket Layer (SSL) bei Verwendung von X.509- Zertifikaten. Hierbei wird der Client an einem global eindeutigen Zertifikat erkannt, welches er von einer Authentifizierungsinstanz erhalten hat. Diese Zertifikate können an Benutzerkonten gebunden werden. Als Authentifizierungsinstanz kann der Certificate Server aus dem Option Pack verwendet werden. Als absolut vertrauenswürdig eingestufte Zertifikate können von dritten Zertifizierungsinstanzen, wie z.b. Versign[15] erworben werden. SSL soll an dieser Stelle nur erwähnt werden. Details würden den Rahmen dieser Arbeit sprengen und sind der Online- Dokumentation des IIS zu entnehmen.

3.2.1. Windows NT (Intranet) Authentifizierung

Im Internet und in großen Teilen der meisten Intranet- Implementierungen ist der anonyme Zugriff üblich. Bei der Verwendung des IIS ist hierfür in der Microsoft Management Console (MMC) der Ressource (Webseite/ virtuelles Verzeichnis) unter Vorgang | Eigenschaften | Verzeichnissicherheit eine Checkbox zu markieren. Durch Klicken auf den Button 'Bearbeiten' läßt sich ein NT Benutzerkonto, welches für den anonymen Zugriff verwendet wird, auswählen. Dieses wird benötigt, um dem Webserver Zugriff auf das Dateisystem zu gewähren. Per Default wird das Konto IUSR_Rechnername verwendet, wobei der Rechnername der Netbios-Name des Webservers ist.

---

[15] http://www.verisign.com - In Intranets ist der Certificate Server ausreichend. Beim Einsatz im Internet empfiehlt sich, aufgrund der internationalen Akzeptanz, ein Zertifikat von Verisign zu verwenden.

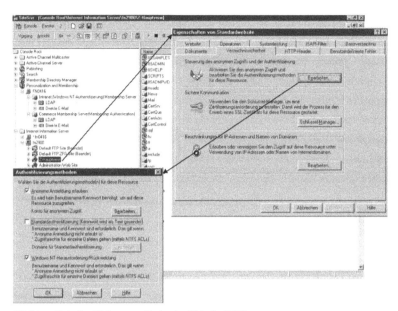

Abbildung 7: Authentifizierungsmethoden des IIS in der MMC

Greift eine virtuelle Ressource auf eine physische Ressource[16] zu und ist virtuell kein anonymer Zugriff gestattet oder physisch dem anonymen Account kein Zugriff gewährt, so muß der User authentifiziert werden.

Wie die Abbildung 7 zeigt, gibt es hierfür die Möglichkeit der Standardauthentifizierung und der Windows NT- Herausforderung/Rückmeldung (NT Challenge/Response).

Bei aktivierter Standardauthentifizierung öffnet sich im Browser ein Login-Fenster, in das ein gültiger NT Benutzername mit dem entsprechenden Passwort eingegeben werden muß. Der große Nachteil dieser Methode liegt in der Sicherheit, denn Benutzernamen und Passwort werden in Klartext übermittelt. Dies ist deshalb riskant, da es sich bei den Benutzerkonten um gültige NT- Accounts handelt, die einem Angreifer die direkte Anmeldung an der Domäne ermöglichen würde! Der Vorteil dieser Variante liegt in der Browserunabhängigkeit, da dieser Login-Client in allen gängigen Browsern implementiert ist.

NT Challenge/Response bietet hingegen eine sichere Authentifizierungsmöglichkeit.

---

[16] Als virtuelle Ressourcen werden in diesem Context virtuelle Verzeichnisse und Server (Bestandteile des Webservers), welche clientseitig über eine URL adressierbar sind, verstanden. Unter physischen Ressourcen werden Dateien und Verzeichnisse auf File-System-Ebene verstanden werden

Der Benutzername und das Passwort werden nicht übertragen, sondern das Ergebnis eines auf diese angewendeten Hash-Algorithmus.

Der Nachteil dieser Variante liegt in der Abhängigkeit des Browsers. Sie wird ausschließlich vom Internet Explorer (IE) unterstützt. Kann man mit Gewißheit davon ausgehen, daß es sich bei allen verwendeten Browsern um IE handelt, wie es z.B. in Intranets der Fall sein kann, dann lassen sich sichere und transparente Anwendungen entwickeln. Sie sind transparent aufgrund der Eigenschaft, daß in einer NT Domäne dieses Authentifizierungsverfahren automatisch dem Server, das Benutzerkonto des am LAN angemeldeten Benutzers, unter Verwendung des Hash-Algorithmus, zu erkennen gibt. D.h. wenn ein Benutzer die benötigten NTFS-Rechte besitzt wird er authentifiziert ohne seine Anmeldung erneut eingeben zu müssen.

Sind alle drei (inkl. anonymen Zugang), oder zwei dieser verschiedenen Authentifizierungsmodi (diese werden als Security Support Provider Interface (SSPI) bezeichnet) ausgewählt, so folgt der Webserver der folgenden Hierarchie: bei aktiviertem anonymen Zugang und den entsprechenden physischen Zugangsrechten für das Konto IUSR_Rechnername wird dieser gestattet. Wird anonymer Zugang nicht gewährt und läßt sich aus dem IP-Header die clientseitige Verwendung des Internet Explorers auslesen, so sendet der Webserver dem Client den Befehl eine NT Challenge/ Response- Logon-Instanz zu erzeugen. Andernfalls wird der Browser angefordert den Login für die Standardauthentifizierung zu instanzieren.

Die soeben erläuterten Verfahren sind Bestandteil des IIS und Grundlage der Personalisierung bei Verwendung des Site Servers im Windows NT (Intranet) Authentifizierungsmodus. Neben diesem gibt es noch die Membership Authentifizierung, welche ausführlich in Kapitel 3.2.3. erläutert wird.

Beide Modi verwenden die Membership-Datenbank, welche in Kapitel 3.2.2. vorgestellt wird, um gesammelte Informationen über den Benutzer zu speichern.
Bei Windows NT (Intranet) Authentifikation wird gegen die Windows NT SAM authentifiziert, der Name des Benutzerkontos dort ausgelesen und aufgrund seiner Eindeutigkeit als Schlüssel für personalisierte Datensätze in einer Tabelle der Membership-Datenbank verwendet. Laut Dokumentation sollte dieser automatisch übernommen werden. Wie die Praxis aber zeigte, läßt sich dies nur

programmiertechnisch realisieren. Deshalb ist es notwendig in einer ASP, einem Attribut der Klasse Member, einen Wert zuzuweisen. Das Objekt wird hierdurch erst instanziert.

Hierfür wird eine Instanz des Active User Objects (AUO)[17] erzeugt, welche auf den OU=Members/OU=[NT Domäne] Container des Membership Server gemappt ist [1].

[1] Set objAUO = Server.CreateObject("Membership.UserObjects")
[2] user=objAUO.Get("cn")
[3] objAUO.age=23
[4] objAUO.SetInfo

Der angemeldete Benutzer wird in eine lokale Variable eingelesen [2]. Da Windows NT (Intranet) Authentifizierung der Website zugeordnet wurde, übergibt das System den angemeldeten NT Benutzer. Danach wird zumindest einem Attribut der Klasse Member ein Wert hinzugefügt [3]. Mit der Methode SetInfo(), welches in seiner Funktion mit dem SQL- Statement commit verglichen werden kann, werden diese Daten an den Membership Server übergeben. Dieser instanziert ein neues Member-Objekt mit dem CN=[Benutzername] und dem Attribut age mit Wert 23.

Damit der angemeldete NT Benutzer ausgelesen werden kann, muß der Website die Windows NT (Intranet) Authentifizierung zugeordnet sein. Hierfür muß in den Eigenschaften des Moduls Personalization and Membership (P&M) die Portnummer des Membership- Servers zugewiesen werden. Dies kann in der MMC, die in Abb. 7 sichtbar ist, durch das Markieren von „Intranet (Windows NT-Authentifizierung) Membership Server" und der anschließenden Auswahl von Vorgang | Eigenschaften erreicht werden.

---

[17] Das AUO ist ein serverseitiges COM-Objekt, welches Methoden für den Zugriff auf Directory Services, wie in diesem Fall das MD, mit sich bringt. Der Zugriff auf Directory Services erfolgt über Active Directory Service Interfaces (ADSI), welche, ähnlich wie ODBC Datenbankzugriffe ermöglicht, eine Schnittstelle für Zugriffe auf Directory Services darstellt. Die Erklärung der Methoden dieser beiden Objekte würde den Rahmen dieser Arbeit sprengen, sind aber in HOWARD/ Robert, Site Server 3.0 Personalization and Membership, Using ASP and ADSI, Birmingham: 1998 Wrox, S. 233-292/ 349-396 nachlesbar.

3.2.2. Membership Directory

Die Membership Directory- Datenbank benötigt Microsofts SQL-Server 6.5 oder 7.0 oder ein anderes ODBC fähiges Database Management System (DBMS), wie beispielsweise Oracle oder Sybase. Zu Testzwecken läßt sich auch MS Access verwenden. Letzteres sollte aber ausschließlich für Testzwecke verwendet werden, da Access nicht den Anforderungen eines DBMS gerecht wird und weder Datenkonsistenz noch die nötige Performance bei starker Frequentierung gewährleistet.

Obwohl das Mitglieder- Verzeichnis in Form einer relationalen Datenbank implementiert wird, ist dessen organisationale Logik hierarchisch und deren Anwendungskonzept objektorientiert.

Die organisationale, hierarchische Struktur dieser Datenbank wird als Directory Information Tree (DIT) bezeichnet, welche in Abb. 8 in ihrer Grundstruktur dargestellt wird.

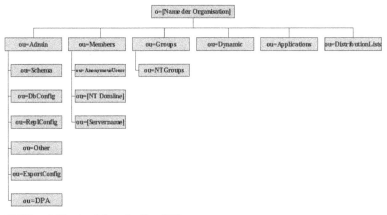

Abbildung 8: Directory Information Tree (DIT)
Vgl: HOWARD/Robert, Site Server 3.0 Personalization and Membership, Using ASP and ADSI, Birmingham: 1998 Wrox, S.59

Die einzelnen Bezeichner (Label) vor den Objekten im DIT entsprechen der Namenskonvention des X.500 Standards, welcher in Zusammenhang mit LDAP in

Kapitel 3.2.4 näher beschrieben wird.

Das Wurzelverzeichnis innerhalb einer Organisation ist immer deren Namen, welcher mit dem Label "O", wie Organisation, gekennzeichnet wird. "O" ist vom Typ Container. Unter einem Container wird eine Ebene im DIT verstanden, die weitere Container und Elemente enthalten kann. Unterhalb des Wurzelverzeichnisses können bis zu 19 weitere Ebenen angelegt werden, welche vom Typ "OU", wie "Organizational Unit", sind. Hier ließe sich beispielsweise die Organisationsstruktur eines Unternehmens abbilden[18]. In jeder Ebene können Attribute stehen, welche vom Typ "CN", wie "Common Name", sind. Dieser CN ist ein identifizierendes Merkmal, das innerhalb eines Containers eindeutig sein muß. Das Prinzip dieser Struktur entspricht dem der Verzeichnisstruktur von Microsfts Dateisystemen[19], wobei O analog dem Namen eines Datenträgers, OU analog zu Verzeichnissen und CN äquivalent zu Dateien zu sehen ist.

Die in der Abb. 8 sichtbaren Container wurden per Default mit der Membership-Datenbank eingerichtet. Im folgenden möchte ich auf deren Funktion eingehen, womit auch der objektorientierte Ansatz erläutert wird.

Der 'OU=Admin' Container enthält alle Konfigurationseinstellungen über die Membership-Datenbank selbst. Besondere Bedeutung erhält der 'CN=Schema' Container, welcher die Definition aller Klassen und Attribute, die es in der Membership-Datenbank gibt, enthält. Klassen sind beispielsweise Container oder Benutzer. Attribute sind Eigenschaften, die Klassen haben können. Dieser Container ermöglicht erst die Abbildung einer objektorientierten Struktur in einer relationalen Datenbank.

Hierzu wird jedes potentielle Attribut einzeln definiert. Zu dieser Definition gehören der Datentyp, eine eindeutige ID und eine Bezeichnung. Dieses Attribut wird als Datensatz (Entity) in der Datenbank gespeichert.

Bei der Klassendefinition muß neben dem Namen, einer eindeutigen ID und einem Flag, ob es sich bei der Klasse um einen Container handelt, auch die übergeordnete Klasse angegeben werden. Die bereits definierten Attribute können einer Klasse

---

[18] Dies ist beispielsweise sinnvoll, wenn das Membership Directory auch als Mitarbeiter- und Abteilungsverzeichnis dienen soll.
[19] Dies gilt für alle Betriebssysteme von Microsoft- dem gegenüber steht z.B. UNIX, das keine logischen Laufwerke kennt.

hinzugefügt werden. Von diesen Klassen können Instanzen abgeleitet werden. Da auch Klassen als Datensatz gespeichert werden und diese sowohl den Namen ihrer Superklasse[20] als auch die ID's ihrer Attribute gespeichert haben, läßt sich die hierarchische Struktur des DIT aus der Datenbank generieren.

Der 'OU=Other' Container enthält Informationen zum Datenaustausch mit dem Analysis Modul und den Site Server Anwendungen Rule Builder und Tag Tool.

Im 'OU=ExportConfig' Container läßt sich selektieren, welche Informationen dem Analysis Tools übermittelt werden dürfen.

Die Container 'OU=DbConfig', 'OU=DPA' und 'OU=ReplConfig' haben laut Robert Howard, der selbst an der Entwicklung des Site Servers beteiligt war und Rücksprache mit dem Entwicklerteam hielt, keine funktionale Aufgabe[21].

Im 'OU=Members' Container werden alle Benutzer der Membership- Datenbank geführt. Ein Benutzer wird entweder durch ein Tool, wie dem Membership Directory Manager Snap-In der MMC, oder direkt in einem ASP-Skript durch die Verwendung der Methoden des Active User Objects (AUO) angelegt. In beiden Fällen wird ein Objekt der Klasse 'CN=Members', welche im Admin-Container Schema definiert wurde, instanziert. Alle Anwendung, die auf das Membership Directory zugreifen, sind an diesen Container adressiert. Bei der Verwendung von Windows NT (Intranet) Authentifizierung werden automatisch ein Container mit dem Namen der NT Domäne zum Speichern aller globalen Benutzerkonten und einer mit dem Netbios-Namen des Site Servers zum Speichern aller lokalen NT Benutzerkonten angelegt. Die Konten werden in beiden Fällen beim erstmaligen Zugriff aus der NT SAM[22] kopiert.

Unter 'OU=AnonymousUsers' werden die Konten gespeichert, welche bei der automatischen Cookie- Authentifizierung nicht wiedererkannt wurden. Cookie-Authentifizierung steht im Membership Authentifizierungsmodus zur Verfügung und wird in Kapitel 3.2.3 behandelt.

Im Container 'OU=Groups' werden alle Gruppen verwaltet, denen User des

---

[20] Zur Vertiefung des Verständnisses für das objektorientierte Konzept empfehle das Buch "Methoden der objektorientierten Systemanalyse" von Heide Balzert aus der Reihe "Angewandte Informatik"
[21] Vgl: HOWARD/ Robert, Site Server 3.0 Personalization and Membership, Using ASP and ADSI, Birmingham: 1998 Wrox, S.163-169
[22] Bei einem Domänen- Account aus der SAM eines Domänen- Controllers und bei einem lokalen Benutzerkonto aus der SAM des Site Server Computers. Für detaillierte Informationen über NT Administrationskonzepte empfehle ich: Microsoft Windows NT 4.0 Training, Netzwerkadministration, 1997, Unterschleißheim, Microsoft Press

Containers 'OU=Members' (und dessen Sub-Containern) angehören können. Im Windows NT (Intranet) Authentifizierungmodus enthalten diese Gruppen lediglich Zugriffsrechte, die sich auf Elemente der Membership- Datenbank auswirken. Auf Dateisystem- Ebene wird mit den namensgleichen NT Gruppen authorisiert.

Der Application Container wird zum Speichern anwendungsspezifischer Daten verwendet. Werden bestimmte Attribute nur für eine Anwendung benötigt, so sollte ein Container mit dem Namen der Anwendung als Sub- Container des Application Containers angelegt werden. Standardmäßig wird der Container MS-NetMeeting zum Speichern von Parametern der gleichnamigen Anwendung angelegt.

Zur Speicherung von Attributen zur Personalisierung von E-Mails wird der 'OU=DistributionLists' Container verwendet. Die Site Server Anwendung Direct Mail speichert hier E-Mail Verteilerlisten und Attribute, welche zur Personalisierung des Inhaltes dieser E-Mails benötigt werden.

Alle Container werden über den Membership Directory Manager (MDM) verwaltet und adressiert. Nur dieser greift direkt auf das Membership Directory zu, d.h. daß er alle Authetifizierungsanfragen und Zugriffe diverser Anwendungen auf die Datenbank koordiniert. Dies ist zum Verständnis des 'OU=Dynamic' Container unabdingbar.

Der 'OU=Dynamic' Container bricht mit dem datenbankgestütztem Konzept des Membership Directory. Daten dieses Containers werden nicht in der Datenbank gespeichert, sondern lediglich im Cache gehalten. Alle hier gespeicherten Daten haben eine vordefinierte Lebensdauer (Time-To-Live [TTL]) und bleiben nur bei deren periodischer Erneuerung über längere Zeit im Speicher resistent. Da alle Zugriffe auf das Membership Directory über den MDM erfolgen, lassen sich diese fluktuierenden Daten in Form eines Containers in die logische Struktur des DIT einfügen. Hier wird u.a. eine Liste aller verbundenen Benutzer geführt.

Damit ein Membership Directory von einem Webserver verwendet werden kann, muß das entsprechende Web einem Authentifizierungsmodus zugeordnet werden.

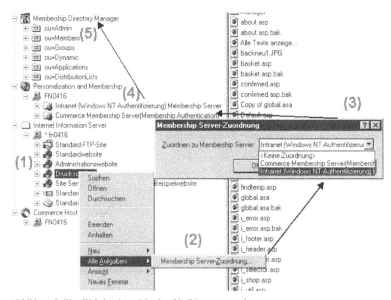

Abbildung 9: Eine Website einem Membership Directory zuordnen

Wie Abb. 9 in der MMC veranschaulicht, müssen virtuelle Websites (1)[23] einem Membership-Server zugeordnet (2) werden, bevor sie diesen verwenden können. Hierfür stehen in einem Selektionsfenster alle verfügbaren Authentifizierungsmodi (3), welche im P&M- Snap-In (4) definiert sind, zur Auswahl. Dies sind standardmäßig zwei, je einer für Membership und NT Authentifizierung für genau ein Membership Directory. Werden weitere Membership Directories erzeugt, so stehen diese hier auch zur Auswahl. Das MDM-Snap-In der MMC kann nur ein Membership Directory (MD) zu einem Zeitpunkt verwalten. Werden mehrere verwendet, kann in den Eigenschaften des MDM das zu bearbeitende MD selektiert werden. Nach der einmaligen Zuordnung erfolgt die Interaktion zwischen Webseite, Authentifizierung und Membership Directory automatisch.

Wie es das ASP-Konzept vorsieht, werden globale Einstellungen für eine Webanwendung in der Datei global.asa gespeichert. Dies sind z.B. der Loginparameter für die verwendete(n) Datenbank(en). Im Regelfall ist diese Datei gesichert und kann nur vom Webserver und lokalen Administratoren verwendet

---

[23] In der Praxis sind dies meist verschiedene Domänen, die von einem gemeinsamen Internet Service Provider (ISP) gehostet werden

werden. Da im Regelfall in dieser Datei auch Benutzernamen und Passwörter für den Zugriff auf Netzwerkressourcen gespeichert werden und eine Verbindung von dieser Datei zum Client besteht (sie ist im virtuellen Hauptverzeichnis oder Root des virtuellen Webservers zu speichern[24]), gehört sie zu den primären Angriffszielen von Eindringlingen. Bei der Verwendung eines MD bietet sich das Speichern dieser Loginparameter im MD an. So ist vor dem Verbindungsaufbau zum Speicherort der gewünschten Information eine Anmeldung unumgänglich.

3.2.3. Membership Authentifizierung

Die in Kapitel 3.2.1 kennengelernte Windows NT (Intranet) Authentifizierung bringt zwei entscheidende Nachteile mit sich, welche beide aus der Tatsache, daß jedes Mitglied ein gültiges NT-Benutzerkonto benötigt, resultieren. Der erste Nachteil liegt in der Gefährdung der Netzwerksicherheit. All diese Benutzerkonten sind sowohl zur lokalen als auch zur remoten Anmeldung am Netzwerk verwendbar. Deshalb sollte dieser Authentifizierungsmodus nur in einem LAN verwendet werden, in dem jeder Benutzer bereits über ein Benutzerkonto und das Recht der Anmeldung an der Domäne verfügt. Der zweite Nachteil liegt in der Kapazitätsbeschränkung von Windows NT. Ein SAM kann maximal ca. 50.000 Objekte (Benutzer-, Gruppen- und Computerkonten speichern. Dies entspricht ca. einer Größe von 40 MB, welche in der Registry gespeichert werden!)[25] aufnehmen. Werden es mehr, so müssen entweder mehrere Domänen parallel oder ein Multiple-Master-Domain-Konzept eingeführt werden. Die Firma SAP ist momentan mit diesem Problem konfrontiert, da sie Ihre NT Domäne als WAN über alle Niederlassungen realisiert hat. Wenn der SAM der SAP mit der Verwaltung der internen Ressourcen bereits ausgelastet ist, so ist es offensichtlich, daß die Verwaltung einer großen Anzahl von Mitgliedern, welche schnell die Anzahl der SAP Mitarbeiter übersteigt, aus dem Internet nicht mit diesem Sicherheitskonzept realisierbar ist. Aus diesem Grund wurde die Membership Authentifizierung geschaffen.

---

[24] Vgl. Microsoft Internet Information Server, Die technische Referenz, Unterschleißheim: 1998 MS Press, S. 223-224
[25] Für Details siehe Microsoft Windows NT Server 4.0 für Netzerkadministratoren, Unternehmenstechnologien, 1998, Unterschleißheim, Microsoft Press, S.45-51

Der grundlegende Unterschied zur NT Authentifizierung liegt in der zusätzlichen Übergabe der Authentifizierungsverantwortlichkeit an das Membership Directory. Benutzer benötigen demnach kein NT Benutzerkonto mehr. Ihr Benutzername und Passwort werden direkt im Mitgliederverzeichnis gespeichert. Entsprechend werden sie auch gegen diese authentifiziert. Hiermit entfallen beide genannten Nachteile der Verwendung des NT Authentifizierungsmoduses. Einerseits ist ein DBMS in der Lage mit Millionen von Benutzerkonten umzugehen und anderseits benötigen die einzelnen User keine gültigen NT Accounts mehr.

Zugriffsberechtigungen auf das MD und Passwörter können in der MD selbst gespeichert und vom Membership Server sicher verwaltet werden. Hierfür muß lediglich der Vollzugriff für die NT Gruppe 'Jeder' auf das MD entfernt werden. Offen bleibt aber noch die Frage nach der Autorisation. Wie bereits in Kapitel 3.2. definiert, erfolgt diese gegen das NTFS Dateisystem. Für diesen Zugriff wird ein gültiger ACE, d.h. ein NT Benutzerkonto mit Zugriffsrechten auf die zu lesen gewünschten Dateien benötigt.

Hierfür wird der Impersonation[26] Account, der stellvertretend die Benutzer im MD gegenüber dem Dateisystem darstellt, verwendet. Pro Membership Directory wird genau eines dieser Konten auf einem System angelegt. Es heißt MemProxyUser und wird bei der Verwendung mehrerer Membership Directories mit einer fortlaufenden Nummer an der letzten Stelle eindeutig gekennzeichnet. Innerhalb des MD können im Gruppencontainer Gruppen angelegt werden, welchen Zugriffsrechte auf Ressourcen zugeteilt werden. Da diese Gruppen selbst nicht auf das Dateisystem zugreifen können, werden vom Membership Server korrespondierende NT Gruppen angelegt, welchen diese definierten ACE's auf NTFS- Basis zugeteilt werden. Diese NT Gruppen werden in der Syntax „Site_[Membership Server Name]_[MD Gruppenname]" angelegt.

Ist ein Benutzer gegen die Membership Datenbank authentifiziert worden und möchte nun auf eine Ressource zugreifen, so setzt sich folgender Prozeß in Gang: Der Membership Server überprüft, ob einer der Gruppen, in denen der authentifizierte Benutzer im MD Mitglied ist, die Berechtigung zugewiesen wurde, auf diese Ressource zuzugreifen. Ist dies der Fall, wird die korrespondierende NT Gruppe ermittelt[27]. Dieser wird nun der Impersonation Account MemProxyUser

---

[26] engl: Darstellung/Verkörperung
[27] Da zur Autorisation gegen das Dateisystem den MD Gruppen NT Gruppen zugeordnet werden müssen, werden erstere auch als NT Shadow Groups (Schattengruppen) bezeichnet.

temporär hinzugefügt. Nun kann ein Thread für den MemProxyUser erzeugt werden, der die notwendigen Zugriffsberechtigungen von der entsprechenden NT Gruppe erhält. Nach der Initialisierung dieses Threads[28] kann der authentifizierte Benutzer mit diesem arbeiten und der MemProxyUser an andere Gruppen und Zugriffsrechte gebunden werden. So ist es möglich, daß verschiedene Benutzer gleichzeitig mit verschiedenen Instanzen eines NT Benutzerkontos arbeiten, welche unterschiedliche SIDs verwenden.

Wird ein User gegen das MD authentifiziert, so wird er automatisch an sein Benutzerkonto in der MD gebunden. Sind innerhalb der MD ACE's vergeben worden, so kann ein Benutzer entsprechenden auch nur auf die Daten zugreifen, für die er Berechtigungen besitzt.

Membership Authentifizierung bringt neue SSPIs mit sich, welche im folgenden vorgestellt werden. Wie Abb. 10 zeigt, wird den Eigenschaften einer Website eine weitere Registerkarte hinzugefügt, sobald sie für die Verwendung von Membership-Authentifizierung konfiguriert wurde.

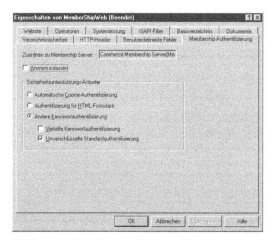

Abbildung 10: Die Registerkarte für Membership-Authentifizierung

Die neuen SSPIs sind automatische Cookie Authentifizierung, Authentifizierung für HTML-Formulare, verteilte Kennwortauthentifizierung und unverschlüsselte

---

[28] Der Thread selbst trägt jetzt die ACE's der NT Gruppe

- 28 -

Standardauthentifizierung. Neben diesen ist es auch möglich auf die anonyme NT Authentifizierung zurückzugreifen. Dies ist durch das Markieren des Check Buttons ‚Anonym zulassen' möglich. Hierdurch wird die Authentifizierung umgangen und die Autorisation unter Verwendung des IUSR_[Rechnername]- Benutzerkontos durchgeführt. Dies entspricht dem NT Authentifizierungsmodus ‚Anonyme Anmeldung erlauben' aus Abb.7.

Cookie Authentifizierung übermittelt dem Benutzer zwei Cookies, welche clientseitig gespeichert werden müssen. Lehnt der Benutzer die Annahme ab, kann er nicht authentifiziert werden.

Bei der Zuordnung einer Website zu einem Membership Server, wird serverseitig ein ISAPI- Filter installiert[29], der IP-Pakete nach Cookies durchsucht. Stellt ein Client eine Anfrage an den Server, wird das IP-Paket nach den beiden Cookies SITESERVER, welches eine global eindeutige ID enthält (globally unique identifier [GUID]), und MEMUSER, welches den Namen eines Benutzers des MD enthält, durchsucht[30]. Sind diese beiden Cookies vorhanden, wird die Anfrage an den entsprechenden Benutzer im MD gebunden. Sind diese beiden Cookies nicht vorhanden, wird ein neuer Benutzer im MD angelegt und die entsprechenden Cookies auf dem Client gespeichert. Cookies haben den Vorteil, daß sich ein Benutzer nicht mehr an einer Site authentifizieren muß, da sie automatisch an den Server übergeben werden. Dies ist für den Anwender bequem und macht die Anwendung transparent.

Da Cookies clientseitig in Form eines ASCII- Files abgespeichert werden, bringen sie auch zwei Nachteile mit sich. Erstens kann aus Gründen der Performance nur eine geringfügige Datenmenge gespeichert werden, da diese bei jedem Request zum Server übertragen werden muß und zweitens können sie kopiert und an anderen Orten wieder eingesetzt werden, womit keine Sicherheit gewährleistet wird. Fazit: sind die Daten im MD und die Ressourcen, auf welche die Mitglieder zugreifen können, nicht sensitiv, so kann Cookie Authentifizierung benutzerfreundlich und effizient eingesetzt werden. Effizienz wird durch die Reduzierung des Cookie-Inhaltes, auf GUID, Membername und eventuell wenige Datenbankschlüssel,

---

[29] Für genauere Informationen zu ISAPI s. Microsoft Internet Information Server und Microsoft Proxy Server, 1998, Unterschleißheim, Microsoft Press, S. 454- 457
[30] Vgl. APOSTOLOPOULOS/ Nick, BERNAL/Joey, EDENS/ Steve, et al., Site Server 3.0 Professional, Birmingham: 1999 Wrox, S.296-309

erreicht.

Bei der **Authentifizierung für HTML Formulare** werden Benutzername und Passwort in ein HTML Formular eingegeben. Diese Werte werden über die HTTP Methode Post an den Server übermittelt. Die Empfängerseite leitet eine Instanz der Klasse Membership.VerifUsr ab, deren Methode VerifyCredentials([Benutzername],[Passwort],[URL]) aufgerufen wird. Diese Methode versucht Benutzernamen und Passwort gegen das MD zu authentifizieren. Ist sie erfolgreich, so wird dem User die im Parameter [URL] übergebene Webseite angezeigt. Weniger versierte Entwickler können die im Site Server mitgelieferten Skripte FormsLogin.asp (Das Formular) und VerifPwd.asp, bei Bedarf modifiziert, verwenden.

Ein erfahrener ASP- Programmierer übergibt die beiden Parameter Benutzername und Passwort aus einem Formular an eine ASP Seite, welche die folgenden 5 Zeilen Code enthält:

[1]   user=Request.Form(„benutzer")

[2]   passwort=Request.Form(„passwort")

[3]   url=http://[server]/[virtuelle(s) Verzeichnis(se)]/[Datei]

[4]   checkinstanz=Server.CreateObject(„Membership.verifusr")

[5]   checkinstanz.Verifusr(user,passwort,url)

In den ersten beiden Zeilen werden die Login- Werte aus dem HTML Formular ausgelesen. In der dritten Zeile wird die, bei erfolgreicher Authentifizierung, aufzurufende Ressource in eine Variable geschrieben. Danach wird in Zeile 4 eine Instanz der Klasse Membership.verifusr erzeugt, der in der letzten Zeile die Parameter der ersten drei Zeilen übergeben werden.

Wie dieses Beispiel zeigt, können Anwendungen mit wenig zusätzlichen Zeilen die Vorteile der Membership Authentifizierung nutzen.

Dieser Authentifizierungsmodus sendet dem Client ein Cookie, in dem die Gültigkeitsdauer der Benutzer-Sitzung gespeichert wird[31]. Der Nachteil liegt in der Klartextübermittlung des Passwortes, begründet durch die Verwendung der heute noch gängigen TCP/IP Version 4 (Ipv4). Durch die zusätzliche Verwendung von SSL kann dieses Sicherheitsrisiko entfernt werden.

---

[31] Dies sind per Standard 10 Minuten. Das Cookie kann nicht wiederverwertet werden.

Die **unverschlüsselte Standardauthentifizierung** ist das Membership authentifizierungsseitige Äquivalent zu NT Standardauthentifizierung (S. Abb. 7 Mitte). Benutzername und Passwort sind in einen vom Browser generierten Logon-Client, welcher von fast allen Browsern unterstützt wird, einzugeben und werden unverschlüsselt gegen den 'OU=Members' Container, des MD authentifiziert.

Verteilte Kennwortauthentifizierung (Distributed Password Authentication [DPA]) authentifiziert unter der Verwendung des Hash- Algorithmus von NT Challenge/Response gegen den 'OU=Members' Container. Bei diesem Verfahren werden Benutzername und Passwort verschlüsselt übertragen. Es ermöglicht eine sichere Authentisierung im Internet oder in einem Extranet. Analog wird dieses Verfahren auch nur vom Internet Explorer unterstützt.

Aufgrund nicht vergleichbarer Vor- und Nachteile der verschiedenen Möglichkeiten eine Membership Authentifizierung zu realisieren, bleibt die Entscheidung für bzw. gegen eine dieser Authentifizierungsmethoden eine Entscheidung, die im Einzelfall, entsprechend den priorisierten Zielsetzungen, getroffen werden muß.
Um diesen Entscheidungsprozeß zu veranschaulichen und ihn damit zu beschleunigen, habe ich eine EPK entworfen. Sie ist im Anhang dieser Arbeit als aufklappbarer DinA1 Druck zu finden.

3.2.4. LDAP

Das Lightweight Directory Access Protokoll ist ein im Funktionsumfang reduziertes Derivat des Directory Access Protokoll (DAP). DAP ist ein Anwendungsprotokoll der siebten Ebene des OSI Referenzmodells, das für den Zugriff auf X.500 Dienste verwendet wird. Hierbei sendet der Client mittels des Directory User Agent (DUA) eine Anforderung über DAP an den serverseitigen Directory System Agent (DSA), der die angeforderten Informationen aus dem X.500 Verzeichnis ausliest und vice versa antwortet. In unserer Architektur ist das Membership Directory der X.500 konforme Verzeichnisdienst, der über LDAP abgefragt wird. LDAP ist aufgrund seiner Befehlsumfangsreduzierung nur in der Lage mit einem Verzeichnis zu kommunizieren und kann auch keine Anfragen, die von einem Server nicht beantwortet werden können, an andere Server weiterleiten. LDAP setzt dafür auf TCP/IP, auf der dritten und vierten Ebene des OSI Referenzmodells, auf. LDAP benötigt somit weniger Ressourcen und ist schneller als DAP. Dies macht LDAP zum idealen Protokoll, um über das Internet auf Verzeichnisdienste zuzugreifen[32]. LDAP ist ein standardisiertes Protokoll, welches in den RFCs 1777 und 1778 definiert ist.

Um die syntaktisch korrekte Adressierung eines X.500 kompatiblen Dienstes zu erläutern, möchte ich die aus Kapitel 3.2.2. angeführte Analogie zwischen den Containern des MD und der Verzeichnisstruktur eines Dateisystems aufgreifen.

Um in einem Netzwerk auf eine Festplatte zugreifen zu können, muß man den Namen des Rechners, in dem sich die Festplatte befindet, kennen. Analog hierzu muß bei einem X.500 basierendem Verzeichnisdienst das Land in dem sich die Organisation bzw. deren Niederlassung befindet, bekannt sein. Das zum Landeskennzeichen gehörende Präfix heißt C, wie Country.

Viele Browser unterstützen heute bereits Verzeichnisdienstabfragen über LDAP. Informationen und Berechtigungen können bei richtiger Implementierung plattformunabhängig in organisationaler Logik abgefragt werden. Ein Adreßbuch kann auf diese Weise als strukturelle Grundlage für die Benutzerverwaltung dienen. Die URL ldap://web.zf-group.de/c=DE,o=ZFF,ou=Informatik,ou=IC-F?one könnte beispielsweise alle Mitarbeiter der Abteilung IC-F der Informatik am Standort Friedrichshafen auflisten.

LDAP übermittelt Daten im Klartext, kann aber seit der 1997 veröffentlichte Version LDAPv3 nach X.509 stark verschlüsselt werden.

Auch das AUO verwendet LDAP zur Abfrage des MD. Das MD ist eine von vielen Verzeichnisdienstimplementierungen. Über LDAP lassen sich genauso der Directory Service von MS Exchange, das Active Directory von Windows 2000 und Novell's Directory Service (NDS) abfragen.

---

[32] Vgl. KRAUSE/Jörg, Site Server 3.0, Die eCommerce-Lösung im Microsoft BackOffice, München: 1999 Addison-Wesley, S. 223-226

4. Commerce Server

4.1 Business-to-Consumer und Business-to-Business

Im Gegensatz zum Handel im Alltagsleben, wird beim elektronischen Handel (E-Commerce) i.d.R. nicht direkt mit Gütern, sondern generell mit Informationen gehandelt[33]. D.h. durch den Datenaustausch werden im Regelfall erst die Prozesse ausgelöst, welche den eigentlichen Güter- oder Dienstleistungstransfer regeln. Abhängig von den Eigenschaften des E-Commerce und dessen Zielgruppe wird zwischen den Typen Business-to-Consumer (B2C) und Business-to-Business (B2B) unterschieden.

Ersteres ist der Fall, wenn es sich bei der Zielgruppe um private Haushalte handelt, welche i.d.R. den Endverbraucher repräsentieren. Die meisten B2C Implementierungen weisen die folgenden Eigenschaften auf:

- Der Kunde wird direkt für den Gegenwert der Ware belastet. Die meist und fast ausschließlich verwendete Zahlungsform ist die Kreditkartenbelastung
- alle Kunden erhalten die gleichen Konditionen
- es besteht keine permanente Geschäftsbeziehung zum Kunden, d.h. daß Kundendaten oft nur für einen einmaligen Geschäftsvorfall gespeichert werden[34]
- Authentifizierung ist nur bei der Verwendung von Benutzerprofilen notwendig, meistens werden alle Kunden gleich behandelt.

Das Ziel von B2C Anwendungen ist die Erschließung eines neuen Absatzmarktes, der aufgrund seiner geringen Kosten[35] sehr lukrativ ist. B2C Implementierungen sind meist in Form von frei zugänglichen Online-Shops im Internet anzutreffen.

Als kritische Erfolgsfaktoren (KEF) für B2C Kaufhäuser werden die folgenden vier Aspekte angeführt[36]:

- Brückenköpfe zur „realen Welt": Studien ergaben, daß ca. nur ein halbes Prozent

---

[33] Ausnahmen sind Informationen, die selbst das Gut darstellen und in digitaler Form vorliegen.
[34] Dies kann bei Bedarf durch die Verwendung von P&M Benutzerprofilen verbessert werden.
[35] Oft fallen nur einmalig hohe Entwicklungskosten an. Es werden viel mehr potentielle Kunden erreicht als mit einem realen Geschäft. Werbekosten sind günstiger und die laufenden Kosten des Hostings fallen i.d.R. weit günstiger als die Miete für eine reale Einrichtung aus.
[36] VGL MATTES/Frank, Management by Internet, Feldkirchen: 1997 Franzis-Verlga GmbH, S.47-48

aller Besucher von virtuellen Kaufhäusern eine Bestellung tätigen. Deshalb gilt es, durch gezielte Werbe-Aktivitäten in der realen Welt, die Besucherzahlen quantitativ und qualitativ[37] zu erhöhen.

- Schaffung von objektivem Mehrwert des Online-Angebotes: dies sind beispielsweise Finanzierungsberatungen, Veröffentlichung von Testergebnissen, Zugriff auf aktuelle Informationsdienste.

- Gestaltung von Erlebniswelten: Der Besucher soll den Kaufhausbesuch als freudiges Ereignis erleben. Dies ist über Gewinnspiele, Diskussionsforum und kreative Überraschungen im Online-Angebot erreichbar.

- Personalisierbare Shopping-Umwelten (s. Kapitel 3).

Dem gegenüber steht das Konzept von B2B, in welchem der elektronische Handel mit anderen Unternehmen, realisiert wird. Ziel ist, neben der Verkürzung der Kommunikationswege, die Automatisierung von Geschäftsprozessen und die Reduktion der anfallenden Abwicklungskosten für diverse Bestell- und Buchungsvorgänge. Das B2B Konzept wird meist in Form eines Extranets umgesetzt. Oftmals wird es zur Automatisierung von Bestellvorgängen eingesetzt (Lieferantenanbindung). Der Auftrag kann unmittelbar an die zuständigen Stellen adressiert werden und in Form eines Workflows den Lieferprozeß auslösen. Gleichzeitig lassen sich Rechnungen per E-Mail zustellen oder direkt über Electronic Data Interchange (EDI) verbuchen. Gerade in der turbulenten Wettbewerbsumwelt der Automobilbranche sind Lieferantenanbindungen über EDI seit Jahren gängig. Unternehmen, wie BMW und VW beispielsweise, setzen ihren Lieferanten heute bereits Fristen zur Realisierung einer Extranet-Anbindung mit der Konsequenz der Kündigung der Geschäftsbeziehungen oder der Degradierung zum B- oder C-Lieferanten im Falle einer Nichterfüllung.

Die folgenden Merkmale sind für B2B Anwendungen typisch:

- die in eine B2B Lösung involvierten Unternehmen pflegen eine langfristige Geschäftsbeziehung

- verschiedene Unternehmen erhalten verschiedene Konditionen, z.B. aufgrund

---

[37] Unter Erhöhung qualitativer Besucherzahlen wird eine Steigerung des prozentualen Anteils der buchenden Besucher verstanden.

von Betriebsgrößenersparnissen (Economies of Scale). Das zu speichernde Datenvolumen je Kunde ist entsprechend um ein vielfaches höher als bei B2C Anwendungen

- Die zugrunde liegenden Prozesse können sehr komplex und dynamisch sein
- Jeder Kunde muß sich beim Betreten des Extranets[38] eindeutig authentifizieren
- Die gesamte Anwendung muß gegen Mißbrauch und unbefugten Zugriff geschützt werden. Der Schaden eines böswilligen Eindringlings kann den Verlust des Kunden(vertrauens) und katastrophale finanzielle Einbußen zur Folge haben. In den Einsatz von entsprechenden Sicherheitsrichtlinien, Kryptographie, Firewalls, Tunneling, SSL, IpConfig, etc. sollte gleichermaßen viel Aufmerksamkeit investiert werden, wie in die inhaltliche Konzeption und Realisierung der Anwendung selbst!
- Der Kunde wird mit den Kosten seiner Bestellung nicht unmittelbar belastet. Meist wird periodisch oder bei Erschöpfung des Kreditvolumens abgerechnet.
- Die Anwendung selbst initialisiert keine Finanztransaktionen, wie es bei B2C Shops der Fall sein kann. Bei B2B handelt es sich vielmehr um einen „exchange of documents"[39], d.h. beispielsweise, daß automatisch sowohl eine Bestellung für den Anbieter generiert oder in dessen Buchhaltungssystem eingebucht wird als auch eine Rechnung an den Nachfragenden ausgestellt bzw. in dessen EDV-System übernommen wird

Als Kritische Erfolgsfaktoren (KEF) für einen B2B Marktplatz, welcher als Extranet für den Handel zwischen mehreren Unternehmen definiert sein soll, werden die folgenden drei Aspekte angeführt[40]:

- Erzeugung einer kritischen Masse an Marktteilnehmern: der Erfolg dieser interbetrieblichen Handelsplattform hängt maßgeblich von der Anzahl und Kaufkraft der Teilnehmer ab.
- Passung zu den Kaufprozessen: bei nicht standardisierten Beschaffungsprozessen behelfen sich viele Einkäufer mit Beschaffungsregistern, wie z.B. „Wer liefert was?" in Deutschland oder Thomas's Register in den USA. Zur Beurteilung der

---

[38] Dieses kann in Form eines Online-Shops oder einer sonstigen webbasierten Anwendung realisiert sein
[39] APOSTOLOPOULOS/ Nick, BERNAL/Joey, EDENS/ Steve, et al., Site Server 3.0 Professional, Birmingham: 1999 Wrox, S. 521
[40] VGL MATTES/Frank, Management by Internet, Feldkirchen: 1997 Franzis-Verlga GmbH, S.45- 46

Kreditwürdigkeit von Unternehmen werden Informationen von Einrichtungen wie z.b. Creditreform in Deutschland oder Dun & Bradstreet in den USA genutzt. Eine Passung zu den Kaufprozessen erreichte beispielsweise General Electric durch eine strategische Allianz mit Thomas's Register zum Aufbau des sehr großen und akzeptierten Trading Process Network (TPN).

- Aufbau von Vertrauen: Jede noch so gut funktionierende Handelsplattform ist abhängig vom Vertrauen und der Akzeptanz, welche die Zielgruppe entgegenbringt. Diese können durch die Zusammenarbeit mit seriösen und etablierten Unternehmen gefördert werden.

B2B Transaktionen werden v.a. in den Bereichen Beschaffung, Materialwirtschaft, Logistik[41] und Vertrieb eingesetzt.

4.2. Architektur

4.2.1. Site Fundamente

MS Commerce Commerce ist ein offenes System, das die Realisierung der verschiedensten E-Commerce Anwendungen nach dem Baustein-Prinzip ermöglicht. Durch die Verwendung des Assistenten zur Grobkonfiguration einer neuen Commerce Site (Commerce Site Builder Wizard) wird eine vordefinierte Grundstruktur geschaffen, welche beliebig erweitert und modifiziert werden kann. Die Site Fundamente[42] sind in Ihrer Struktur, abhängig von Ihrem E-Commerce-Typ, unterschiedlich. Eine B2C Fundament entspricht einem virtuellen Einkaufszentrum, d.h. daß sich ein Käufer die Produkte aus den unterschiedlichen Abteilungen (Lebensmittel, Gartenzubehör, etc.) direkt holt und in seinen virtuellen Einkaufswagen (shopping cart) legt. Findet er ein gesuchtes Produkt nicht, so befragt er eine Suchmaschine, welche einem Verkäufer, der den Aufenthaltsort aller verfügbaren Produkte kennt, gleich kommt. Hat der Kunde alle zu kaufen gewünschten Artikel in seinen Einkaufswagen gelegt, so begibt er sich zur Kasse. Der virtuelle B2C Shop unterscheidet sich vom Konzept des traditionellen

---

[41] Vgl. DONOVAN/John J., The Second Industrial Revolution, Upper Saddle River, 1997: Prentice Hall PTR, S. 56
[42] Dies ist die offizielle Bezeichnung für diese Grundstruktur im Commerce Host Administrator Snap-In der MMC, einem Verwaltungstool für Commerce Webs

Einkaufszentrums dahingehend, daß der Kunde nicht bar bezahlen kann und daß er die Ware nicht selbst transportiert, sondern ihm diese zugestellt wird. Hierfür muß zumindest die Lieferadresse des Kunden mitgeteilt werden. Zusätzlichen werden Angaben über die Rechnungsadresse oder die Kreditkarte benötigt. Die logische Architektur des Site Fundamentes wird in Abb. 11 veranschaulicht.

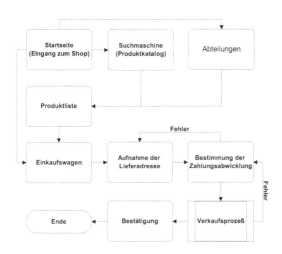

Abbildung 11: Architektur eines B2C Site Fundamentes
Vgl: APOSTOLOPOULOS/Nick, BERNAL/Joey, EDENS/Steve, et al., Site Server 3.0 Professional, Birmingham: 1999 Wrox, S. 522

Ein B2B Fundament[43] gleicht eher einem Großhandel. Nicht jeder ist berechtigt zu vergünstigten Konditionen einzukaufen. Jeder Besucher muß sich zuerst ausweisen (authentifizieren). Danach kann er die virtuelle Großhandlung betreten. Er kann sich, ähnlich wie in einem B2C Shop, Waren in den Einkaufswagen legen bzw. nach diesen suchen. Geht er allerdings zur Kasse, wird zuerst eine Prüfung gegen die Kundendatenbank ausgeführt, welche den Warenkauf bei einem nicht erschöpften Limit genehmigt. Ist das Limit überschritten worden, so wird automatisch ein Schreiben mit einem Link auf eine dynamisch generierte Administrationsseite an den Vorgesetzten gesendet. Bestätigt dieser die Bestellung auf der Administrationsseite

---

[43] Mit dem Commerce Server werden 5 Beispielstores mitgeliefert. MS Market ist das einzige B2B Beispiel, die anderen vier, Clocktower, Vulcano Coffee, Trey Research und MS Press entsprechen dem B2C Konzept. Es ist empfehlenswert alle Beispielstores bei der erstmaligen Installation einzurichten, da diese die Möglichkeiten und Architekturen dieser E-Commerce Typen an realisierten Anwendungen verdeutlichen

trotz Überschreitung des vordefinierten Limits, so wird diese realisiert, d.h. es kommt zur Rechnungsausstellung und evtl. zu einer direkten Einbuchung in die Buchungssysteme beider Unternehmen. Lehnt der Entscheidungsträger den Bestellvorgang ab, wird dieser verworfen und der ursprünglich bestellende Sachbearbeiter per E-Mail informiert. Dieses Fundament wird in Abb. 12 veranschaulicht.

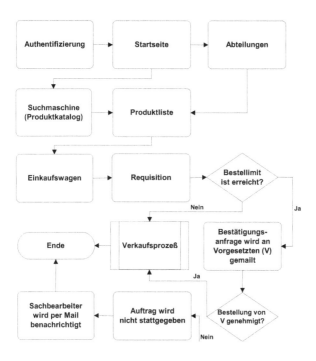

Abbildung 12: Architektur eines B2B Site Fundamentes

Vgl: APOSTOLOPOULOS/Nick, BERNAL/Joey, EDENS/Steve, et al., Site Server 3.0 Professional, Birmingham: 1999 Wrox, S. 581

Mit der Erstellung eines Site Fundamentes wird die Grundstruktur einer Commerce Site erstellt. Diese setzt sich aus Commerce Server (MSCS) eigenen Speicherobjekten, mindestens einer relationalen Datenbank und diversen Pipelines zusammen. Diese Komponenten werden über ASP-Skripte adressiert und stellen gleichzeitig die elementaren Möglichkeiten zur beliebigen Erweiterung einer Anwendung dar.

Eine besondere Bedeutung kommt der Datei global.asa zu, welche globale Variablen und Objekte für die gesamte Anwendung definiert und vor dem ersten Zugriff eines Kunden auf die Site einmalig geladen wird. Die hier gespeicherten Informationen sind beispielsweise Parameter zum Zugriff auf die Standard-ODBC-Datenquelle, diverse SQL Statements, die in verschiedenen Skripten ausgeführt werden, Fehlermeldungsbehandlung, Name des virtuellen Servers, Ports und andere Meta-Informationen über die Anwendung selbst.

In den folgenden Unterkapiteln werden die wichtigsten Grundelemente erläutert.

4.2.2. Datenbank

Bei der Verwendung des Commerce Site Builder Wizard (CSBW) zur Erstellung eines Commerce Site Fundaments wird eine Datenbank auf dem angegebenen DBMS angelegt, deren Grundstruktur in Abb. 13 dargestellt wird.

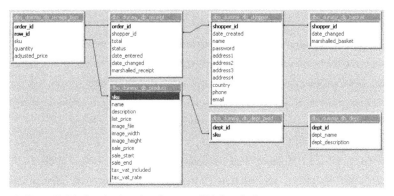

Abbildung 13: Die Grundstruktur einer Commerce Web Datenbank

Die Bezeichnung der Relationen setzt sich aus dem Namen der Commerce Site und dem Namen der eigentlichen Tabellenfunktion zusammen[44].

Informationen über die angebotenen Produkte werden in der Tabelle **‚product'**

---

[44] Das Präfix dbo_ enstand durch den Tabellenimport vom SQL-Server auf Access97. Letzteres wurde benötigt, um diese Beziehungen zwischen den Relationen grafisch darzustellen. Das Präfix und der Name der Commerce Site sollen bei der Beschreibung der Tabellen ignoriert werden.

gespeichert. Primärschlüssel ist das Attribut sku (Stock Keeping Unit), welches für eine eindeutige Artikelbezeichnungen steht. Die Attribute name, description (Beschreibung) und list_price sprechen für sich. Unter image_file ist der Dateiname eines Bildes des Produktes hinterlegbar[45]. Soll dieses Bild in einer bestimmten Größe[46] angezeigt werden, sind Breite (image_width) und Höhe (image_height) in Pixel hinterlegbar. Die Attribute sale_price, sale_start und sale_end beziehen sich auf Verkaufsaktionen. Hier werden Beginn, Ende und Preis von Verkaufsaktionen hinterlegt. Das System überprüft in Skripten, die den Preis zu einem Produkt ausgeben, ob das Systemdatum zwischen sale_start und sale_end liegt. Ist dies der Fall, so wird der reduzierte Preis, sale_price, angeboten[47]. Das Attribut tax_vat_included erhält den Wert 1, wenn die hinterlegten Preise (list_price/ sale_price) inklusive Mehrwertsteuern hinterlegt sind. Ist hier der Wert auf 0 gesetzt, berechnet die Anwendung an der virtuellen Kasse zusätzlich den in tax_vat_rate gespeicherten Mehrwertsteuersatz.

In der Tabelle ‚**dept**' wird hinter einem eindeutig identifizierenden Schlüssel[48] der Name und eine Beschreibung von Abteilungen gespeichert.

Da ein und das selbe Produkt von verschiedenen Abteilungen vertrieben werden kann und die entsprechenden Daten nicht redundant gehalten werden sollen, wurde die Abteilungszuordnung eines Produktes nicht als ein weiteres Attribut in der Tabelle ‚product', in Form einer 1:n Fremdschlüsselbeziehung, modelliert, sondern unter Verwendung der n:m Verbindungsrelation ‚**dept_prod**' realisiert[49].

Die Tabelle ‚**receipt_item**' dient zur Speicherung von Bestellungen in der Form, daß jeder Datensatz eine Position einer Bestellung repräsentiert. Hinter dem Primärschlüssel, der sich aus order_id (eindeutige Bestellnummer) und Position

---

[45] Dieses sollte entweder im jpg oder gif Format hinterlegt sein, da es von einem Webbrowser, der per Standard nur diese beiden Formate unterstützt, interpretiert werden muß. Die Bilddateien selbst sind im Unterverzeichnis Assets der Anwendung selbst zu speichern.
[46] Wird kein Wert hinterlegt, wird das Bild in der abgespeicherten Größe angezeigt
[47] Commerce Server unterstützt eine Reihe diverser Assistenten zur Generierung von Verkaufsförderungen, wie absolute und prozentuale Preisermäßigungen, Zwei-für-Eins Ermäßigungen, Cross-Selling oder Up-Selling, welche hier nicht weiter behandelt werden sollen.
[48] Für diesen Primärschlüssel bietet sich die Verwendung der Kostenstellenbezeichnungen an
[49] In der ZF Friedrichshafen werden diverse Produkte sowohl von den zivilen Geschäftsbereichen Lkw und Bus als auch vom militärischen Geschäftsfeld Sonderfahrzeugantriebstechnik vertrieben. Das zugrunde liegende Datenbankdesign unterstützt diese Vertriebsstrukturen.

(row_id) zusammensetzt, wird die Bestellnummer (sku) der Position, deren Menge (quantity) und Einzelpreis aufgenommen.

Während in der Tabelle ‚receipt_item' Einzelpositionen gespeichert werden, werden in der Relation **‚receipt'** aggregierte Informationen über die gesamte Bestellung hinterlegt, d.h. daß jede Entität für eine Bestellung steht. Über den Schlüssel der Bestellnummer (order_id) wird der Bestellung ein Auftraggeber/Kunde (shopper_id) zugeordnet. Zu jedem Datensatz werden Gesamtbetrag (total), Bestellstatus (status), das Datum der Bestellung (date_entered) und das Datum der letzten Änderung erfaßt. Des weiteren wird der interne Zustand des OrderForm Objektes, welches im folgenden Unterkapitel erläutert wird, in dem Attribut marshalled_receipt vom Typ Binary Large Object (BLOB) bei Laufzeitterminierung gespeichert. Greift die Anwendung zu einem späteren Zeitpunkt wieder auf diese Informationen zu, kann eine Instanz des entsprechenden COM Objektes erzeugt werden, welcher der gespeicherte Zustand übergeben wird[50].

Die Tabelle **‚shopper'** dient zur Speicherung der Liefer- und Rechnungsadressen von Kunden. Schüssel ist eine eindeutige Kunden-ID. Das Feld Passwort wird per Default angelegt, wird aber ausschließlich zum Schutz der Adresse verwendet, wenn kein Authentifizierungsmodus implementiert wurde. Da die Syntax von Adressen von Land zu Land verschieden sind, wurden hier vier Felder angelegt, die je nach Bedarf verwendet werden können. Die Attribute date_created (Erstellungsdatum), name, country (Land), phone (Telefon) und email sprechen für sich.

In der Tabelle **‚basket'** werden alle Warenkörbe gespeichert. Schlüssel ist die Kundennummer (shopper_id). Alle weiteren Attribute, neben der Kundennummer und dem Datum der letzten Änderung (date_changed), werden mit dem internen Zustand des COM Objektes OrderForm, das den Warenkorb repräsentiert, gespeichert.
Diese bereits angesprochenen COM Objekte sollen im nächsten Unterkapitel erläutert werden.

---

[50] Vgl: APOSTOLOPOULOS/Nick, BERNAL/Joey, EDENS/Steve, et al., Site Server 3.0 Professional, Birmingham: 1999 Wrox, S. 614

4.2.3. Commerce Server eigene Speicherobjekte

MSCS erweitert den Umfang der bereits durch das Option Pack und den Site Server installierten COM Objekte auf dem Webserver. Einige werden zur Speicherung von temporären Daten während der Laufzeit und zum Zugriff auf Dateien und Datenbanken verwendet. Aufgrund dieser fundamentalen Rolle spielen diese Komponenten eine existenzielle Rolle. MSCS speichert Meta-Informationen über Commerce Anwendungen in binären Dateien. Die eigentlichen Informationen über den Inhalt dieser Anwendungen, wie Kunden- und Produktdaten werden in einer Datenbank gespeichert. Sowohl die Informationen in den Dateien als auch in den Datenbanken müssen während der Laufzeit in einem strukturierten Format den verschiedenen Skripten zur Verfügung stehen.

Wie die Abb. 14 zeigt, interagieren Skripte direkt mit den Speicherobjekten SimpleList, Dictionary und Orderform.

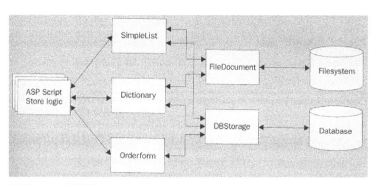

Abbildung 14: MSCS Storage Components
Quelle: APOSTOLOPOULOS/Nick, BERNAL/Joey, EDENS/Steve, et al., Site Server 3.0 Professional, Birmingham: 1999 Wrox, S. 615

Der Inhalt dieser drei Speicherobjekte wird temporär im RAM gehalten. Der Inhalt einer Instanz von einem dieser Objekte kann unter Verwendung der Komponenten DBStorage (Schnittstelle für Datenbankzugriff) und FileDocument (Schnittstelle für Dateizugriff) permanent in eine Datenbank[51] oder auf einen Datenträger geschrieben werden. Dieses Konzept entspricht dem modularen Software-Design, welches in

---

[51] Vgl. die Realisierung aus datenbanktechnischer Sicht in Kapitel 4.2.2. (Attribute marshalled_basket und marshalled_receipt)

jedem guten objekt-orientierten Lehrbuch des Software Engineerings zu finden ist[52].

Während SimpleList und Dictionary über FileDocument und DBStorage sowohl in eine Datei als auch in eine Datenbank geschrieben werden können, ist Orderform ausschließlich in einer Datenbank speicherbar.

Im folgendem sollen diese fünf Objekte näher vorgestellt werden.

Commerce.SimpleList ist ein elementares Objekt zur Speicherung diverser Daten. Es entspricht in seiner Funktionsweise einem eindimensionalen Array, d.h. Werte können hinzugefügt, gelöscht und abgerufen werden. Es unterscheidet sich von einem gewöhnlichen Array dahingehend, daß verschiedene Einträge von unterschiedlichen Datentypen sein dürfen[53] und es wesentlich einfacher als ein Array über das DBStorage Objekt in einer Datenbank ablegbar ist. Auch binäre Objekte sind einfügbar. Doppelte Einträge werden nicht zugelassen (Konsistenzchecker). Zur Anzeige eines bestimmten Wertes ist dieser über dessen Index anzusprechen, z.B. zeigt SimpleList(5) den fünften Eintrag im Objekt an. Daten werden dem Objekt über die Methode SimpleList.Add(Wert) hinzugefügt. Zum Löschen von Einträgen ist die Methode SimpleList.Delete(Index) zu verwenden. Die Methode SimpleList.Count gibt die Anzahl der im Objekt gespeicherten Einträge als Integer zurück.

Das **Commerce.Dictionary** Objekt ist ein Sammlung von Wert-Namen-Paaren. Auch Commerce.Dictionary ist eine Erweiterung eines bereits bestehenden Objektes, dem mit dem IIS ausgelieferten Scripting.Dictionary. Ein Attribut kann einem Objekt durch dessen Wertzuordnung hinzugefügt werden. Beispielsweise wird durch den Aufruf MyDictionary.Firma = „ZF Friedrichshafen AG" das Attribut Firma erst der Instanz MyDictionary des Dictionary Objektes hinzugefügt. Um zu vermeiden, daß der gesamte Inhalt des Dictionary über DBStorage, bei Aufruf des letzteren, in eine Datenbank geschrieben wird, muß das Attribut mit dem Präfix „_" angelegt werden. Beispielsweise wird das Objekt über die Zuweisung Dictionary._cc_number angewiesen, die Kreditkartenummer eines Kunden ausschließlich im Server-Cache zu halten, anstatt diese permanent in eine Datenbank zu schreiben. Die Methode

---

[52] Das modulare Konzept der von der ZF Friedrichshafen AG an die Firma Multimedia Systemlösungen (MSL) „outgesourcten" Software-Entwicklung ist im Anhang zu finden.
[53] Dies wird objektintern durch die typenlose Deklaration erreicht (dies entspricht dem Visual Basic Datentyp Variant)

Dictionary.Count gibt die Anzahl der hinterlegten Wertepaar-Zuordnungen als Integer zurück. Dieses Objekt wird in Commerce Sites oftmals als eine baumartige verkettete Liste verwendet, d.h. in einem Dictionary Objekt werden weitere Objekte dieses Typs und auch des Typs SimpleList gespeichert.

Commerce.OrderForm speichert den Warenkorb während der Laufzeit. Dieses Objekt besteht aus einer definierten Menge an Attributen und weiteren SimpleList- und Dictionary-Objekten. Die Basis bildet ein Dictionary-Objekt, welches statische Attribute, wie Angaben zur Rechnungs- und Lieferadresse, den Gesamtpreis und Informationen über die Zahlungsabwicklung, enthält. Ein Attribut von Commerce.OrderForm ist ein SimpleList Objekt, welches eine Auflistung aller Artikel im Warenkorb führt. Jeder einzelne Eintrag dieser Liste ist ein Dictionary-Objekt, dem die einzelnen Attribute der einzelnen Positionen hinzugefügt wird[54]. Abbildung 15 zeigt ein Klassendiagramm des OrderForm Objektes. Einige Methoden zum Hinzufügen (AddItem) und Löschen von Artikeln (ClearItem) bzw. zum Löschen des gesamten Warenkorbes (ClearOrderForm) sind OrderForm spezifisch. Die gespeicherten Werte befinden sich in Attributen der untergeordneten Objekte. Aufgrund der vorhandenen Hierarchie entschied ich mich eine Part-Of Beziehung zu modellieren, welche auch als Aggregation oder gerichtete Assoziation bezeichnet wird. Eine Aggregation verdeutlicht gegenüber einer Assoziation die hierachische Abhängigkeit.

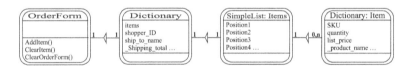

Abbildung 15: Klassendiagramm (UML) zu OrderForm-Objekt

Dem Objekt **Commerce.FileDocument** kann ein SimpleList oder Dictionary Objekt übergeben werden[54]. Dieses Objekt kann entweder in eine strukturierte, nicht mit

---

[54] Tatsache ist, daß OrderForm einer bestimmten Klassenstruktur, bestehend aus Dictionary und SimpleList Objekten, entspricht. Verwirrend mag deshalb Abb. 14 erscheinen, zumal sowohl Dictionary Objekte als auch Simple List Objekte in einer Datei speicherbar sind, OrderForm Objekte allerdings nicht. Diesbezüglich habe ich mich mit Marco Tabini (einer der Autoren des Buches „Site Server 3.0 Professional"), einem MSCS Spezialisten in Toronto, per E-Mail auseinandergesetzt. Er bestätigte, daß auch ein OrderForm Objekt in einer Datei speicherbar ist, dies allerdings praktisch aus Gründen der Performance nicht gemacht wird. Der Schriftverkehr ist im Anhang zu finden.

einem ASCII-Editor lesbare Datei geschrieben werden, oder aus solch einer gelesen werden. Für ersteres ist die Methode FileDocument.WriteToFile(File,Stream,Object) zu verwenden. Für das letztere steht die Methode FileDocument.ReadFromFile(File,Stream,Object) zur Verfügung. Hierbei steht der Parameter File für den Namen der strukturierten Textdatei. Bei lesendem Zugriff steht Stream für den Bezeichner in der Datei, der verwendet wird, um den zu lesen gewünschten Abschnitt zu finden. Umgekehrt muß diese Marke angeben werden, wenn Daten in die Datei geschrieben werden sollen. Der Parameter Object steht, je nach Methode mit der er aufgerufen wird, für den Namen des Objektes, in das entweder die Information aus der Datei geschrieben werden soll oder für das Objekt, dessen Inhalte in Form einer Datei permanent auf dem Datenträger gespeichert werden soll.

Commerce.DBStorage fungiert, wie bereits erwähnt, als Schnittstelle zu Datenbanken. Bevor eine Instanz dieser Klasse diese Aufgabe wahrnehmen kann, muß die Verbindung zur Datenbank über die Methode DBStorage.InitStorage (ConnectionString,Table,Key,ProgID,MarshalColumn,DateChanged) initialisiert werden. Hierbei stehen die Parameter ConnectionString für den Namen der ODBC Datenquelle[55], Table für die anzusprechende Tabelle, Key für den Primärschlüssel der Tabelle, ProgID für den Typ des gespeicherten bzw. zu speichernden Objektes[56], MarshalColumn für den Spaltennamen des BLOB Feldes und DateChanged für den Namen des Feldes zur Speicherung des Datums. Die letzten beiden Parameter sind optional.

Wurden der Tabellenstruktur zusätzliche Spalten hinzugefügt, so ordnet DBStorage diese den gleichnamigen Klassenattributen der zu speichernden Instanzen zu. Sind diese Namen nicht identisch oder sollen diese anderen Spalten zugeordnet werden, so ist dies über die Methode DBStorage.Mapping (Klassenattribut) = Spaltenname umzusetzen. Über die Methode DBStorage.GetData (NULL, Key) wird dem Parameter Key entsprechende Datensatz ausgelesen[57]. Ein Objekt kann über die Methode DBStorage.InsertData (NULL, Data), wobei Data für die eigentlich zu speichernde Instanz steht, gespeichert werden.

---

[55] i.d.R. kann hier die globale Variable der Standard-Datenquelle aus der global.asa übergeben werden

[57] Der Wert NULL müßte laut Online-Dokumentation aus Gründen der Kompatibilität mit älteren ersionen von Commerce Server angegeben werden. Dies gilt auch für die im folgenden erläuterten Komponenten.

Um ein Update durchzuführen, müssen die gespeicherten Informationen zuerst aus der Datenbank in das entsprechende Objekt gelesen werden. Nach einer Änderung der Attribute dieser Objekte können diese über die Methode DBStorage.CommitData(NULL, Data) zurückgeschrieben werden. Der Parameter Data steht für den Namen der betroffenen Instanz. Dies gilt auch für die Methode DBStorage.DeleteData(NULL, Data), welche zum Löschen einer Entität verwendet wird.

Die soeben erläuterten Komponenten dienen ausschließlich der Speicherung benötigter Informationen während der Laufzeit und zur Speicherung dieser auf einem Datenträger oder in einer Datenbank. MSCS bringt eine sehr viel größere Anzahl an Komponenten mit sich, die hier nicht weiter besprochen werden sollen. Die wenigen, die im Kontext dieser Arbeit noch relevant sind, werden zum entsprechenden Zeitpunkt angeschnitten.

4.2.4. Pipeline(s)
4.2.4.1. Funktionsweise und Eigenschaften

Das Kernstück des Commerce Servers ist das Konzept der Pipeline. Eine Pipeline ist eine lineare Ansammlung von Objekten, welche sequentiell verarbeitet werden. Abb. 16 zeigt die Purchase Pipeline unter Verwendung des Verwaltungstools Pipeline Editor.

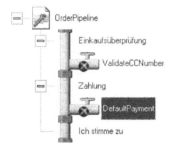

Abbildung 16: Die Purchase Pipeline

Auf den genauen Verwendungszweck der Purchase Pipeline soll zu einem späteren Zeitpunkt eingegangen werden. Hier soll das Konzept der Pipeline selbst vorgestellt werden. Eine Pipeline setzt sich aus verschiedenen Stufen (Stages), wie beispielsweise Einkaufsüberprüfung oder Zahlung, zusammen, welche jeweils als bezeichnender Sammelbegriff für das Aufgabengebiet ihrer einzelnen Komponenten[58], wie hier beispielsweise ValidateCCNumber oder DefaultPayment, stehen. In Abhängigkeit von der jeweiligen Stufe, stehen verschiedene Komponenten zur Verfügung, von denen einzelne noch vorgestellt werden sollen.[59]

Die Verwendung von Pipelines bietet die folgenden Vorteile:

- sie sind modular aufgebaut und somit äußerst schnell und flexibel modifizierbar
- sie stellen Prozesse dar, die in einer exakt vordefinierten Reihenfolge ausgeführt werden
- die meisten Pipelines können unter Verwendung von Microsoft Transaction Server (MTA) als unteilbare Transaktion ausgeführt werden. Der zusätzliche Overhead erhöht zwar die Antwortzeit, sollte aber zumindest bei Finanztransaktionen nicht gescheut werden

Pipelines werden entweder mit dem Pipeline Editor oder dem HTML basierten Managertool erstellt und verwaltet. Sie werden als PCF Dateien (Pipeline Configuration File) gespeichert und sollten nach einmaligem Aufruf während der Laufzeit im Cache gehalten werden. Ist eine Pipeline einmal erstellt, kann sie von einem Skript aus aufgerufen werden. Hierfür stehen die Objekte MtsPipeline und MtsTxPipeline bereit, welche beide über die Methoden
Execute(lMode,MainDictionary,PipeContext,NULL) und LoadPipe(path)
verfügen.

Im Unterschied zu MtsPipeline führt MtsTxPipeline die Pipeline unter der zusätzlichen Verwendung des MTS aus. LoadPipe benötigt als Parameter den absoluten Pfad zum Pipeline Configuration File. Wurde die Pipeline geladen, so kann sie mit der Methode Execute ausgeführt werden. Hierbei stehen die Parameter lMode

---

[58] Diese Komponenten sind wiederum als COM Objekte realisiert.
[59] Einige Hilfskomponenten, die z.B. temporäre Dateien schützen und später löschen, werden nicht angezeigt. Startet man den Pipeline Editor (pipeeditor.exe) im Expertenmodus
(zusätzlicher Parameter /e) von der Kommandozeile, so werden auch diese Komponenten angezeigt. Deshalb wirkt die Stufe „Ich stimme zu" in Abb. 16 auch komponentenlos.

für den auszuführenden Modus[60], MainDictionary für das zu Speicherobjekt mit den zu verarbeitenden Daten[61] und PipeContext für ein Dictionary Objekt, das von der Pipeline selbst benötigt wird. Der letzte zu übergebende Wert beträgt immer NULL und ist aus Kompatibilitätsgründen zu MSCS 2.0 anzugeben. Es wird zwischen den folgenden drei verschiedenen Typen von Pipelines unterschieden:

- Order Processing Pipeline (OPP)
- Commerce Interchange Pipeline (CIP)
- Micropipe

Letztere ermöglicht es lediglich einzelne Komponenten einer Pipeline auszuführen und soll hier nicht näher behandelt werden. Als OPP werden alle Pipelines bezeichnet, die einzelne Aufgaben eigenständig ausführen. Die CIP hingegen interagiert mit anderen Pipelines oder Systemen. Erstere wird deshalb sowohl in B2C als auch in B2B Umgebungen eingesetzt, letztere hingegen ausschließlich in B2B Implementierungen.

4.2.4.2. Order Processing Pipeline (OPP)

In Kapitel 4.2.1. wurde bereits die architektonische Basis einer B2C und einer B2B Anwendung beschrieben, welche mittels Assistenten generiert wird. Wenn diese Site-Fundamente erzeugt werden, werden vordefinierte Pipelines geschaffen[62].

In einer B2C Welt sind dies die Pipelines product.pcf, plan.pcf und purchase.pcf.

Die Aufgabe der **Product Pipeline** ist es die aktuellsten Informationen zu einem Produkt zu selektieren. Da MSCS eine Vielzahl an Verkaufförderungsaktionen unterstützt, können aktuelle Preise an verschiedenen Orten in der Datenbank gespeichert sein.

---

[60] Dieser sollte unter normalen Umständen immer 1 sein.
[61] Dies ist beispielsweise öfters das OrderForm Objekt, welches den Warenkorb des Kunden enthält.
[62] Vgl: APOSTOLOPOULOS/Nick, BERNAL/Joey, EDENS/Steve, et al., Site Server 3.0 Professional, Birmingham: 1999 Wrox, S. 657-732

Die Pipeline besteht hier aus fünf Stufen. In einer ersten Stufe werden alle relevanten Produktinformationen aus der Datenbank gelesen und in ein temporäres Dictionary Objekt kopiert. In dieser Stufe lassen sich weitere Komponenten einfügen, die zusätzliche Versandkosten (pauschal oder in Abhängigkeit vom Gewicht) einkalkulieren. Die Verwendung einer zweiten Stufe (Kundeninformation) ist optional. Sie ermöglicht es personalisierte Informationen über einen Kunden aus einem MD einzulesen[63]. Die dritte Stufe ermittelt den eigentlichen Preis der Position. Die vierte Stufe ermittelt den aktuellen Preis einer Position unter Berücksichtigung aller zum Zeitpunkt relevanten Ermäßigungen. In der letzten Stufe ist es möglich den verfügbaren Lagerbestand einer Position zu ermitteln. Nachdem diese Pipeline durchlaufen ist, können dem Kunden alle für ihn aktuell geltenden Produktinformationen und Preise offeriert werden.

Die Aufgabe der **Plan Pipeline** ist es, die komplette Ermittlung der Kosten einer gesamten Bestellung, ohne diese auszuführen. Hierzu wird der gesamte Warenkorb (das OrderForm Objekt) an die Pipeline übergeben. Alle Komponenten der Product Pipeline werden erneut zur Ermittlung der einzelnen Preise je Position durchlaufen. Zusätzlich werden Steuern, Versand- und Verpackungskosten sowie der Gesamtpreis der Bestellung berechnet. Diese Angaben werden dem Kunden angezeigt. Die Pipeline besteht allein aus 14 Stufen[64].

Bestätigt der Besucher des Shops die Bestellung, welche von der Plan Pipeline im Detail ermittelt wurde, so wird sie von der **Purchase Pipeline**, welche in Abb. 16 bereits zu sehen war, ausgeführt. In den ersten beiden Stufen soll die Zahlungsfähigkeit des Kunden überprüft werden. Da die meisten B2C Shops die Bezahlung fast ausschließlich über Kreditkarten abwickeln, ist per Default die Komponente ValidateCCNumber in diese Stufe integriert. Diese Komponente führt eine Offline-Prüfung der Kreditkartennummer durch. Dies bietet allerdings keinerlei Sicherheit, da eine Kreditkartennummer nichts anderes als das Ergebnis eines Algorithmus darstellt, der den Namen des Karteninhabers chiffriert[65].

---

[63] Dies ist eine der bereits vordefinierten Schnittstellen zwischem dem Commerce Server und dem P&M Modul
[64] Eine grafische Darstellung dieser Pipeline und eine Beschreibung der einzelnen Komponenten ist im Anhang zu finden.
[65] Der Algorithmus gibt ca. 12 verschiedene Nummern aus, die zum Namen des Kreditkartenbesitzers passen. Kreditinstitute verwenden die nicht benutzten 11 Nummern als Ersatzkartennummern.

Der „Sicherheitsmechanismus" dieses Objekts kann bereits unter Verwendung eines, im Internet frei erhältlichen, Kreditkartengenerator-Tools ausgeschaltet werden. Eine Überprüfung der Zahlungsfähigkeit ist unmöglich. Eine sichere Alternative bietet der Zukauf einer Komponente des bereits seit Jahren etablierten Drittanbieters Cybercash. Bei Verwendung dieser Komponente lassen sich Online-Überprüfungen der Zahlungsfähigkeit des Kundens über eine mit SSL gesicherte Verbindung zu einem Gateway einer CyberCash-Partner-Bank[66] durchführen.

In einer B2B Umgebung gibt es in den architektonischen Site Fundamenten von MSCS zwei OPPs, die Corporate Purchase Plan Pipeline und die Corporate Purchase Submit Pipeline. Erstere ist in ihrer Funktionsweise mit der B2C- Plan Pipeline identisch. Lediglich die Bezeichnungen der einzelnen Komponenten haben sich geändert[67]. Letztere dient der gleichen Aufgabe, wie die Purchase Pipeline, verwendet aber andere Komponenten in der Stufe „Zahlung". So lassen sich beispielsweise in der Stufe „Einkaufsüberprüfung" Komponenten zur Validierung des Budgetlimits des bestellenden Sachbearbeiters einfügen. Wie bereits bei der Erläuterung eines B2B Fundamentes in Kapitel 4.2.1. erwähnt, kann bei Überschreitung des gesetzten Limits eine Autorisierungsanforderung an einen Vorgesetzen gesendet werden. In der Stufe „Zahlung" wird der Auftrag direkt an den Lieferanten übermittelt. Für diese Übermittlung stehen verschiedene Komponenten zur Verfügung. Es ist eine Übertragung per Fax oder E-Mail direkt möglich. Alternativ kann die Bestellung auch in eine Commerce Interchange Pipeline (CIP) geschrieben werden, welche die Bestellung direkt in das System des Geschäftspartners überträgt. Letzteres wird in Kapitel 4.2.4.3 behandelt.

Ausgewählte Objekte

In diesem Unterkapitel sollen einige ausgewählte Komponenten, welche in den meisten OPPs verwendet werden, vorgestellt werden. Aufgrund der Komplexität wird auf programmiertechnische Details verzichtet.

---

[66] Dies sind in Deutschland u.a. die Bayerische Landesbank, Deutsche Bundespost Postbank oder Diners Club Deutschland. Für genauere Informationen zu Cybercash vgl. Vgl. KRAUSE/ Jörg, Site Server 3.0, Die eCommerce-Lösung im Microsoft BackOffice, München: 1999 Addison-Wesley, S. 345-371
[67] Im Anhang werden beide Pipeline grafisch gegenübergestellt.

Die **MakePO** Komponente ermöglicht es beispielsweise Informationen, die in der Pipeline gespeichert sind, unter Verwendung einer Textdatei mit diversen Platzhaltern in ein bereits vordefiniertes Format zu bringen. Unter der Verwendung dieser Platzhalter kann die generierte Datei beispielsweise als personalisierte E-Mail versendet werden. Die Syntax dieser Skript-Vorlage ist ASP ähnlich.

Die **POToFile** Komponente ermöglicht es Inhalte der Pipeline in eine Textdatei zu schreiben. In Kombination mit der ExecuteProcess Komponente, welche jedes beliebige Kommando in der Shell absetzen kann, können Inhalte aus einer Pipeline quasi in die verschiedensten Programme exportiert werden.

Die **Scriptor** Komponente ermöglicht es innerhalb der Pipeline WSH kompatible Skripte, wie VBScript, JavaScript, JScript oder PerlScript auszuführen. Da WSH sehr gut mit COM Objekten interagiert, lassen sich über die Scriptor Komponenten Instanzen aller auf dem Server vorhandenen COM Objekte erzeugen, d.h. daß weitere Serverfeatures in die Pipeline integrierbar sind.

Wie bereits erwähnt, dient die CIP, welche im nächsten Unterkapitel näher vorgestellt wird, dem Datenaustausch zwischen zwei Partnern. Sollen Daten, wie z.B. ein Bestellauftrag automatisch beim Lieferanten eingebucht werden, müssen die Informationen der OPP, welche den Bestellauftrag enthält, an eine CIP übergeben werden. Dies wird durch die Verwendung der PipeToPipeTransfer Komponente ermöglicht.

4.2.4.3. Commerce Interchange Pipeline (CIP)

Wie bereits erwähnt, dient die CIP dem Datenaustausch zwischen zwei Parteien (meist Unternehmen). Diese beiden miteinander kommunizierenden Parteien müssen nicht unbedingt die CIP des Commerce Servers verwenden. Die Grundlage ist nur die Einigung auf ein gemeinsames Austauschformat.
Zwei Pipelines sind innerhalb der CIP vorgefertigt, die Transmit Pipeline zum Versenden von Daten und die Receive Pipeline für den Empfang. Auf beide soll im folgenden näher eingegangen werden.

Erfolgt der Datentransfer zwischen zwei MSCS, so empfiehlt es sich die beiden genannten zu verwenden. Werden die Daten zwischen einem MSCS und einer anderen Maschine, wie z.b. einem AS/400[68], ausgetauscht, so empfiehlt es sich die entsprechende Pipeline[69] dem Datenaustauschformat des Kommunikationspartners anzupassen.

Abbildung 17: Die einzelnen Stufen der Transmit Pipeline

Abb. 17 zeigt die einzelnen Stufen der Transmit Pipeline, welche sequentiell von oben nach unten durchlaufen werden.

In der Stufe **„Zuordnen"** (Map) werden die Daten des Dictionary Objektes in ein anwendungsunabhängiges Format konvertiert. Hierfür werden u.a. Komponenten zur Erzeugung einer, durch Kommata als Feldtrenner, strukturierten Datei (commadelimited file) oder einer Datei in XML Format (MapToXML Komponente) angeboten.

Die Stufe **„Header hinzufügen"** (Add Header) hat die Aufgabe gekapselte Meta-Informationen über die eigentlichen Daten mitzuteilen. Hierfür steht die Komponente AddHeader, welche diese Informationen mittels XML Tags anhängt, zur Verfügung. Diese Informationen können nur von einer Receive Pipeline auf Seiten des Empfängers dekodiert werden. Sie ist ausschließlich für den Datenaustausch zwischen homogenen Systemen geeignet. Diese Komponente ermöglicht das Mitsenden einer eindeutigen Transaktions-ID, einer Anforderung für Empfangsbestätigung, Zeitstempel, Dokumententyp, Quelle des Dokumentes und

---

[68] MSCS wird standardmäßig nicht mit einem Interface zu einem AS/400 ausgeliefert. Dieses kann aber von Drittanbietern bezogen werden, wie mir Marco Tabini (MSCS Spezialist) in einer im Anhang nachlesbaren E-Mail mitteilte.
[69] Meist werden doch beide benötigt, da der Datenaustausch bidirektional erfolgen soll

Ziel des Dokumentes. Für den Datenaustausch zwischen heterogenen Systemen steht die Komponente EncodeMIME zur Verfügung, welche auf dem Internet-Standard MIME beruht. Die EDI Unterformate EDIFACT (weltweiter Standard) und ANSI X12 (in USA Standard) können eingesetzt werden.

Die dritte Stufe **„Digitale Unterschrift"** (Digital Sign) ermöglicht es dem Datenaustausch ein digitales Zertifikat hinzuzufügen, welches garantiert, daß die Daten auch von dem angeblichen Absender stammen und gleichzeitig während der Übertragung nicht manipuliert wurden.

Eine Datenverschlüsselung erfolgt in dieser Stufe noch nicht, ist aber in der nächsten Stufe **„Verschlüsseln"** (Encrypt) möglich. Die Verschlüsselung kann entweder unter Verwendung der EncodeSMime Komponente oder der EncryptPKCS Komponente erfolgen. Erstere kann alle auf dem lokalen Rechner installierten Verschlüsselungsalgorithmen verwenden, die letztere arbeitet mit dem Microsoft Crypto-API[70].

Die Stufe **„Überwachung"** (Audit) ist optional. Wird sie verwendet, speichert sie einige den Datentransfer eindeutig identifizierende Merkmale in der Datenbank. Wurde in der Stufe „Header hinzufügen" die Forderung nach einer Empfangsbestätigung vom Empfänger hinzugefügt, so kann diese, bei Erhalt, mit den gespeicherten Daten in der Datenbank verglichen werden.

In der Stufe **„Transport"** (Transport) ist das Übertragungsprotokoll auszuwählen. Drei Komponenten werden hier mitgeliefert. Die erste ist SendSMTP, welche die Daten über das Mailprotokoll übermittelt. Dies kann verwendet werden, wenn beispielsweise die Einbuchung erst autorisiert werden soll[71]. Die zweite ist SendHTTP, welche es ermöglicht die Daten über die POST Methode des Anwendungsprotokolls HTTP zu übermitteln. Der Einsatz dieser Übertragungstechnologie ist äußerst kostengünstig, da sie bereits von Browsern und Webservern verwendet wird. Der IIS kann bei Empfang solch einer Übertragung beispielsweise so konfiguriert werden, daß er ein Skript startet, welches eine Receive Pipeline startet. Die dritte integrierte Komponente ist SendDCOM, welche ausschließlich bei Datenübertragung zwischen zwei Site Servern verwendet werden kann. Diese Übertragungstechnologie ermöglicht es remote eine Pipeline zu laden

---

[70] Als asynchrone Verschlüsselung wird die Verwendung von öffentlichen und privaten Schlüsseln verstanden
[71] Dies ist beispielsweise bei einem B2B Site Fundament der Fall, wenn der Vorgesetzte bei Überschreitung eines gesetzten Budgetlimits den Transfer autorisieren muß

und diese mit dem zu übertragendem Inhalt auszuführen.

Viele Unternehmen realisieren den automatisierten Datenaustausch mittels der Methode EDI. Das Standard-Übertragungsprotokoll für EDI formatierte Inhalte ist ODETTE File Transfer Protokoll (OFTP), welches eine sichere Punkt-zu-Punkt Verbindung ermöglicht. In der Stufe „Header hinzufügen" wird die Formatierung in Standard-Nachrichtentypen zwar unterstützt, aber eine Komponente zur Übertragung auf OFTP Basis wird leider standardmäßig nicht mit ausgeliefert. Der Grund hierfür liegt wahrscheinlich in den relativ hohen Lizenzkosten, welche allein für diese Komponente anfallen und somit das gesamte Produkt MSCS deutlich verteuern würde. Wird diese Komponente allerdings benötigt, so ist sie, ähnlich wie CyberCash, auch von einem Drittanbieter zusätzlich zu erwerben.

Der vordefinierte Empfangsteil der CIP ist die Receive Pipeline, welche in Abb. 18 dargestellt wird.

Abbildung 18: Die einzelnen Stufen der Receive Pipeline

Die erste Stufe **„Entschlüsseln"** (Decrypt) ist optional und kann nur eingesetzt werden, wenn die Datenübertragung verschlüsselt erfolgt. In dieser Komponente kann der Dechiffrierungs-Algorithmus hinterlegt werden. Diese Stufe bildet das Gegenstück zur Stufe „Verschlüsseln" der Transmit Pipeline. Je nach verwendetem Verschlüsselungsverfahren sind die zu EncodeSMime und EncryptPKCS analogen Komponenten DecodeSMime und DecryptPKCS zum Entschlüsseln zu verwenden.

Die zweite Stufe „Digitale Unterschrift überprüfen" (Verify Digital Signature) verifiziert das digitale Zertifikat.

Die Stufe „**Header öffnen**" (Open Header) verwendet die gleichnamige Komponente OpenHeader, um die durch AddHeader hinzugefügten Meta-Informationen zu entfernen.

Wurde in den übertragenen Daten der Flag zum Senden einer Empfangsbestätigung gesetzt, so ist es Aufgabe der Stufe „**Bestätigung erstellen**" (Generate Receipt) über die Komponente GenerateReceipt eine Transmit Pipeline zu öffnen, welche die Empfangsbestätigung überträgt[72].

Die Stufe „**Zuordnen**" (Map) stellt das ursprüngliche anwendungsspezifische Datenformat wieder her. Hierfür steht z.B. die Komponente MapFromXML zur Verfügung, welche dem Gegenstück zu MapToXML aus der Transmit Pipeline entspricht. Wurden die empfangenen Daten ursprünglich von einem anderen MSCS übertragen, so werden diese anwendungsabhängigen Daten einem Dictionary Objekt zugeordnet. Stammen diese Daten ursprünglich von einem anderen System, so werden sie einem angemessenen Objekt zugeordnet[73].

Die Stufe „**Überwachung**" (Audit) ist optional und protokolliert Informationen über die Datenübertragung. Wurde die Pipeline angewiesen eine Empfangsbestätigung zu senden, so kann diese um die protokollierten Informationen erweitert werden, damit der ursprünglich Absender die Daten seines Protokolls aktualisieren kann[74].

---

[72] Bei der Sendung einer Empfangsbestätigung sollte niemals eine weitere Empfangsbestätigung gefordert werden, da dies einen „Ping-Pong-Transfer" zur Folge haben könnte.
[73] Dies ist möglich, da zuvor ein gemeinsames Austauschformat bestimmt wurde
[74] Analog zum TCP/IP Stack können diese Informationen mit dem Cyclic redundancy Check (CRC) verglichen werden. Wenn die Prüfsumme mit den ursprünglich gespeicherten Daten übereinstimmt, dann kann von einer fehlerfreien Datenübertragung ausgegangen werden

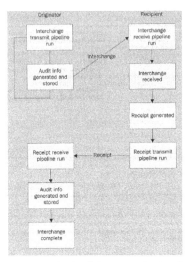

Abbildung 19: The whole process of exchanging a complete interchange

Quelle: APOSTOLOPOULOS/Nick, BERNAL/Joey, EDENS/Steve, et al., Site Server 3.0 Professional, Birmingham: 1999 Wrox, S. 728

Der Gesamtprozeß des Datenaustausches, inklusive Empfangsbestätigung, wird in Abbildung 19 veranschaulicht.

Auch die Stufe **„Anwendungsintegration"** (Application Integration) ist optional. Ihre Aufgabe ist es die nun in der Pipeline gespeicherten Variablen und Objekte in ein Format zu konvertieren, welches von anderen Anwendungen interpretiert werden kann. Hierfür stehen Komponenten für das Lesen und Schreiben in Dateien zur Verfügung, da diese als Zwischenspeicher verwendet werden. Der zusätzliche I/O mit dem Dateisystem geht auf Kosten der Performance. Diese wird in einer MSCS Umgebung allerdings nicht benötigt, da die Anwendung selbst, bestehendend aus ASP Skripten, direkt auf die Inhalte der Pipeline Objekte zugreifen kann.

Letztendlich kann das Prinzip der Commerce Interchange Pipeline mit dem des OSI Referenzmodells verglichen werden. Die übertragende Seite (Transmit Pipeline) bereitet die auszutauschenden Informationen von der Anwendungsebene Stufe um Stufe bis zur Datenübertragungsebene vor. Die empfangende Seite (Receive Pipeline) geht den umgekehrten Weg und revidiert Stufe um Stufe alle durchgeführten Änderungen bis letztendlich der Anwendung die ursprünglichen Informationen zur Verfügung stehen. Auch wenn sich diese Konzepte ähneln, so unterscheiden sie sich in ihrer konzeptionellen Darstellung darin, daß auch die empfangende Pipeline immer von oben nach unten ausgeführt wird, während der empfangende Rechner dies in entgegengesetzter Richtung macht. Funktional ist diese Analogie allerdings gerechtfertigt, da die ausschließlich für den Datentransfer benötigten Komponenten der Receive Pipeline in umgekehrter Reihenfolge zu ihren Gegenstücken in der Transmit Pipeline angeordnet sind.

5   Beispiel Druckschriftenverzeichnis
5.1.   Rahmenbedingungen

Wie bereits in der Einleitung erwähnt, sind innerhalb der ZF Friedrichshafen AG diverse Anforderungen an E-Commerce Anwendungen aus den Fachbereichen eingegangen, welche auf der Basis von MS Site Server und MSCS in Form einer Intranet-Anwendung realisiert werden sollen. Das hierfür notwendige Know How wurde vom Autor erworben und im Rahmen dieser Arbeit in den vorausgehenden Kapiteln größtenteils dargestellt.

Dieses Kapitel befaßt sich mit der Umsetzung einer spezifischen Anforderung eines Fachbereiches. Diese Anwendung, das ZF Druckschriftenverzeichnis, soll optimal realisiert werden, da sie als Vorlage für weitere Anwendungen dienen soll.

Da die gesamte Umsetzung dieser Anforderungen den Rahmen dieser Arbeit sprengen würde, dem Fachbereich allerdings funktionale Einblicke in die Möglichkeiten des Produktes (MSCS) gegeben werden sollen, wurde im Rahmen dieser Arbeit ein Prototyp zur Systembeurteilung, anhand dieser konkreten Anforderung, realisiert. Dieser ist als Vorstufe zur Entscheidungsfindung des produktiven Systems zu verstehen.   Deshalb möchte ich mich nicht darauf beschränken lediglich einen entwickelten Prototypen zu beschreiben, sondern methodisch den Prozeß der Entwicklung erläutern.

5.2. Iteratives Phasenmodell mit Prototypisierungsphase

Als Vorgehensmodell werde ich ein iteratives Phasenmodell mit Prototypisierungsphase verwenden. Dies scheint mir durch den iterativen und zielgerichteten Entwicklungsprozeß und die Möglichkeit einer frühzeitigen

Visualisierung, in Form eines Prototypens, sowohl für die Erstellung einer Vorlage (Template) für die Informatik als auch für die Entwicklung der Anwendung für den Kunden (Fachbereich) als angemessen.

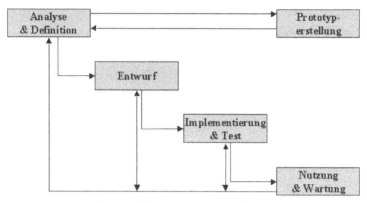

Abbildung 20: Iteratives Phasenmodell mit Prototypisierungsphase

In der Phase Analyse & Definition werden die Anforderungen an die Anwendung erarbeitet. Die Phase Prototypenerstellung befaßt sich mit der Beschreibung eines realisierten Prototypens und einer Gegenüberstellung von Prototyp und Anforderungskatalog. In den Phasen Entwurf, Implementierung & Test und Nutzung & Wartung wird näher auf die Gründe der bereits angesprochenen notwendigen Abgrenzung zwischen der prototypischen Realisierung der Anforderung aus dem Fachbereich und einer letztendlichen Implementierung im Rahmen einer Projektanforderung eingegangen.

5.2.1. Analyse und Definition

In einem schriftlichen Antrag der Abt. MKS (Marketing Dienste und Kundenservice) an IC-F (Informatik Communication Friedrichshafen) wurden die Anforderungen an die gewünschte Anwendung grob vorgegeben. Um die speziellen Produktanforderungen des Fachbereiches zu ermitteln und hieraus sowohl eine Durchführbarkeitsstudie als auch eine genaue Produktdefinition abzuleiten, ließ ich mir den IST- und v.a. den SOLL-Zustand vor Ort erläutern. Auf letzteren wurde detailliert eingegangen, da einzelne Verbesserungen durch die Anwendung erreicht werden sollen.

Zusammengefaßt ergaben sich die im folgenden angeführten Ergebnisse.

IST-Zustand: In Form einer PDF Datei wurde eine Liste über verfügbare Dokumentationen (Druckschriften) veröffentlicht. Diese können in verschiedenen Sprachen und Dokumentationsarten (Anbauanleitungen, Fachprospekte, CD-Roms, Video, etc.) vorliegen. Die Dokumente können anhand des Druckschriftenverzeichnisses bestellt werden. Dieses wird in Form einer Filemaker Datenbank gepflegt. Einige Dokumente liegen auch in digitaler Form vor.

SOLL-Zustand: Dieses Druckschriftenverzeichnis soll online im Intranet zur Verfügung gestellt werden. Hierbei sollen die folgenden Anforderungen realisiert werden:

- Druckschriften sollen ausgewählt und einem Warenkorb (mit Preisanzeige) hinzugefügt werden können.
- Eine Suchfunktion soll es ermöglichen nach Druckschriften zu suchen.
- Die bereits in elektronischer Form vorhandenen Dokumente (PDF Dateien) sollen selbständig ausgedruckt werden können. Diese können gegen einen geringen Kostenbeitrag auch direkt von der Hausdruckerei ausgedruckt und gebunden werden.
- Die Filemaker Tabelle soll auf den SQL-Server portiert werden.
- Eine Pflege der Anwendung soll mit Zugriffsbeschränkung über den Webbrowser als Frontend ermöglicht werden.
- Die Bestellung soll per E-Mail ausgelöst werden.

Der Gesamtprozeß wird wie folgt dargestellt:

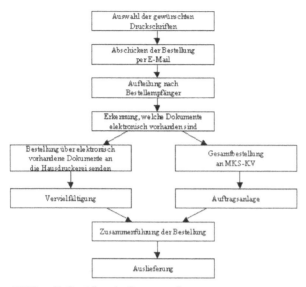

Abbildung 21: Darstellung des Gesamtprozeß
Vgl. Mitteilung von MKS vom 30.4.99 (Drucksch.doc)

Hierbei sei Abb. 21 so zu verstehen, daß das erste Ereignis „Auswahl der gewünschten Druckschriften" alle Einkaufsaktionen des bestellenden Sachbearbeiters im Druckschriftenverzeichnisses kapselt. Ereignis Zwei „Abschicken der Bestellung per E-Mail" sei als das die Bestellung auslösende Ereignis zu sehen. Desweiteren soll die Gesamtbestellung der zuständigen Abteilung zugestellt werden. Ein Auftrag mit den zum Nachdruck angeforderten Dateien soll direkt an die Hausdruckerei gesendet werden. Die nachgedruckten Dokumente sollen gemeinsam mit den Dokumenten aus den Lagerbeständen ausgeliefert werden.

Eine Durchführbarkeitsstudie ergab, daß alle definierten Anforderungen an die Anwendung auf der Basis von MSCS realisierbar sind. Es wird mit einem ca. einwöchigen Entwicklungsaufwand gerechnet. Im Rahmen einer Kosten-Nutzen-Analyse wurde eine Amortisationszeit von wenigen Monaten kalkuliert. Diese leitet sich aus der Reduktion der benötigten Personaleinsatzzeit bei einem Bestellvorgang im Vergleich mit den einmalig anfallenden Entwicklungskosten und den sehr niedrigen Betriebskosten ab.

5.2.2. Prototypisierungsphase

In diesem Kapitel soll der entwickelte Prototyp vorgestellt werden. Bei diesem Prototyp handelt es sich um einen „Rapid Prototyp", welcher laut Definition nicht alle Anforderungen umsetzt, sondern nur einen Einblick in das zukünftige Produkt zu einem frühen Zeitpunkt gibt[75]. Danach sollen zuerst die realisierten Teilanforderungen besprochen werden. Eine Expertise über die Möglichkeiten zur Realisierung der noch nicht im Prototyp umgesetzten Anforderungen sollen als abschließender Punkt in der Prototypisierungsphase diskutiert werden.

5.2.2.1. Prototypenbeschreibung

Die Struktur des Druckschriftenverzeichnisses entspricht der Standard-Architektur eines B2C Site Fundamentes (s. Kapitel 4.2.1.). Die Datenbankstruktur (s. Kapitel 4.2.2.) entspricht grundlegend auch dem Standard, wurde aber um zwei zweispaltige Tabellen erweitert. Die eine ordnet verschiedene Sprachen ihren zugehörigen Schlüsseln zu (z.B. deutsch=1), die andere macht dies analog mit Dokumententypen (z.B. Betriebsanleitungen=13). Zusätzlich wurden der Tabelle ‚product' die beiden Fremdschlüssel für Sprache und Dokumententyp und weitere Attribute zur Speicherung des Dateinamens eines vorhandenen Acrobat Dokumentes (PDF Dateien), des Erstellungsdatums von Dokumenten, des zugehörigen Geschäftsfeldes und ein Flag, das Auskunft darüber gibt, ob ein Datensatz als aktuell zu behandeln ist, hinzugefügt. Desweiteren wurden die Attribute Basis und Sortierung hinzugefügt, welche vom Verwalter der Seite aus dem Fachbereich benötigt werden.

Die in Filemaker vorhandene Tabelle ist einwandfrei als strukturierte Datei (mit Kommata als Feldtrenner) exportierbar. Diese Datei kann dann in die neue Datenbank auf den SQL-Server importiert werden. Bevor die Datenbank allerdings produktiv transferiert werden kann, ist diese zu bereinigen. Sie kann in Ihrem derzeitigen Zustand nicht als „gepflegt" bezeichnet werden. Inkonsistente Datensätze mit mehrfach vorhandenen Bestellnummern, welche als Primärschlüssel verwendet

---

[75] Im Gegensatz hierzu steht das evolutionäre Prototyping, welches den Prototyp mit über alle Phasen und Iteration in die entgültige Anwendung überführt.

werden sollen, sind vorher zu entfernen, da sie nicht in ein RDBMS importierbar sind. Zusätzlich sind die Schlüsselzuordnungen der Attribute Sprache und Dokumentationsart durchgehend zu korrigieren bzw. zu ergänzen. Die Spalte Preis ist einheitlich numerisch zu gestalten. Als Grundlage für die Entwicklung des Prototypen wurden einige konsistente Datensätze extrahiert.

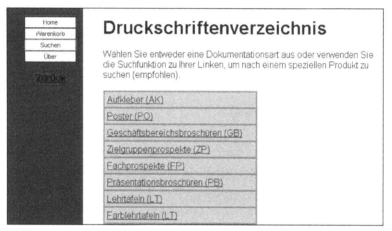

Abbildung 22: Startseite des Druckschriftenverzeichnisses

Abb. 22 zeigt die Startseite des Druckschriftenverzeichnisses. Wie die in Abb. 11 dargestellte Architektur der Anwendung zeigt, sind Artikel (Dokumente) direkt aus ihren Abteilungen (Dokumentationsarten) oder über eine Suchfunktion selektierbar. Hinter jedem Link in der Liste der verschiedenen Dokumentationstypen verbirgt sich eine Auflistung aller vorhandenen Produkte (Dokumentationen dieses Typs).

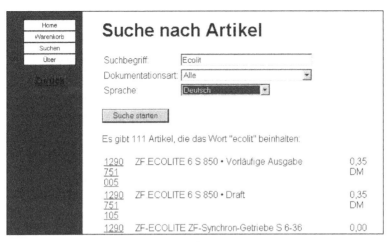

Abbildung 23: Suchfunktion innerhalb der Anwendung

Hinter dem Button „Suchen" im Navigationsmenü verbirgt sich die Möglichkeit nach Suchbegriffen, Dokumentationsarten und dem Typ der Dokumentation zu suchen (s. Abb. 23).

Die Bestellnummer in der Trefferliste ist der Link zur Produktbeschreibung, von der aus ein Produkt in den Warenkorb gelegt werden kann. Diese Seite, welche in Abb. 24 dargestellt ist, wird auch angezeigt, wenn man ein Produkt über den Weg der Abteilungen (Dokumentationstypen) auswählt.

Abbildung 24: Produktinformationsseite

Auf der Produktinformationsseite wird die in der Datenbank gespeicherte Produktbeschreibung ausgegeben. Bei Angabe einer Bilddatei in der Tabelle

‚product' (Attribut: image_file) wird hier per Default die entsprechende Bilddatei angezeigt. Ist für das entsprechende Produkt auch eine Dokumentation in digitaler Form vorhanden, so wird ein Link auf die Datei angezeigt, der das kostenlose Ausdrucken der Dokumentation ermöglicht. Das Produkt kann dem Warenkorb hinzugefügt werden. Der Prozeß des Suchen und Bestellen kann jederzeit in der Anwendung über das Navigationsmenü abgebrochen und neu gestartet werden[76].

Wird das ausgewählte Produkt in den Warenkorb gelegt oder auf diesen direkt über das Navigationsmenü zugegriffen, so wird ein erster Personalisierungsmechanismus ausgelöst. Die Webseite ist hierfür für Windows NT Intranet Authentifizierung (NT Challenge/Response) konfiguriert worden. Die Seite überprüft, ob der am Windows NT LAN angemeldete Benutzer bereits im Membership Directory existiert (s. Abb. 25).

Abbildung 25: Eigenschaften eines NT Benutzers im MDM der MMC

Ist dies der Fall, so wird das Attribut „Druckschrift" überprüft. Ist dessen Wert auf „Nein" gesetzt, so wird die in Abb. 26 dargestellte Seite angezeigt, welche den Benutzer darauf aufmerksam macht, daß er sich vom entsprechenden Fachbereich erst die Berechtigung, eine Bestellung durchzuführen, einrichten lassen muß. Der Warenkorb wird zwischengespeichert. Um die Zugriffsberechtigung einzurichten, muß der Wert des Attributes Druckschrift auf „Ja" gesetzt werden.

---

[76] Direkte Sprünge zurück zur Startseite mit der Abteilungsübersicht (Home), in den Warenkorb und zur Suchfunktion sind permanent möglich

Ist der Benutzer nicht im MDM vorhanden, so wird dieser angelegt. Dem zugehörigen Attribut Druckschrift wird standardmäßig der Wert „Nein" zugeordnet.

Abbildung 26: Warenkorb ohne die Berechtigung zu bestellen

Wurde dem Benutzer das Recht zur Durchführung einer Bestellung gegeben (Wert des Attributes Druckschrift ist „Ja"), so bekommt er den in Abb. 27 dargestellten Warenkorb angezeigt. Dieser ist um einen Button erweitert, der es ermöglicht die Bestellung durchzuführen.

Abbildung 27: Warenkorb mit Berechtigung zu bestellen

Das Attribut Beschreibung wird aufgrund des bereits in Kapitel 3.2.1. beschriebenen Bugs[77] als Dummy eingefügt. Abb. 28 zeigt den für diese Fallunterscheidung benötigten Quellcode.

---

[77] Zumindest einem Attribut des Membership-Objekts muß ein Wert zugewiesen werden, damit der Benutzer in das MD übernommen wird.

```
73  <!--Membership Fallunterscheidung Anfang-->
74  <%
75      Set objAUO= Server.CreateObject("Membership.UserObjects")
76      user=objAUO.Get("cn")
77      objAUO.description="Benutzer war da"
78      objAUO.SetInfo
79
80      If (objAUO.druckschrift<>"ja") then
81      objAUO.druckschrift="nein"
82      objAUO.SetInfo
83      End If
84
85      druckschrift=objAUO.Get("druckschrift")
86  %>
87  <% If (Cstr(druckschrift)="ja") then %>
88  <table BORDER="0"><tr>  <td>
89      <!--mstheme--><font face="arial, arial, helvetica"><form METHOD="POST" ACTION="<%=
        pageSURL("shipping.asp") + "use_form=1" %>">
90          <p><input TYPE="submit" VALUE="Bestellen" BORDER="0" ALT="Bestellen"></p>
91      </form>
92  <%Else%>
93  <font size=2><font color=#ff0000>Um Ihre Bestellung aufgeben zu k&ouml;nnen,
    m&uuml;ssen Sie sich die Berechtigung hierfür von MKS geben lassen.<br>
94  Ihr Warenkorb wird solange gespeichert.</font></font><p>
95  <table BORDER="0"><tr>  <td>
96  <%End If%>
97      <!--mstheme--></font></td>
98  <!--Membership Fallunterscheidung Ende-->
```

Abbildung 28: Quellcode der Fallunterscheidung mit erster Personalisierung im Warenkorb

In den Zeilen 75-78 im Quellcode wird zuerst eine Instanz des AUO erzeugt, dieser dann der aktuell am Client angemeldete NT User über die NT Intranet Authentifizierung übergeben und dann das Attribut Beschreibung in jedem Fall geschrieben, damit der User im MD aufgenommen wird oder bleibt. Danach wird in den Zeilen 80-83 die Berechtigung überprüft bzw. gesetzt. War die Berechtigung für den Zugriff auf das Druckschriftenverzeichnis vorhanden, wird der Bestellbutton in den Zeilen 88-91 ausgegeben, andernfalls die Mitteilung in den Zeilen 93-95 angezeigt.

Geht man von der Ansicht des Warenkorbes zu einer Bestellung über, so sind in einer nächsten Bildschirmmaske Angaben über den Empfänger zu machen (Name, Kostenstelle, Gebäude, E-Mail, Werk, Telefon). Nach der Eingabe dieser Informationen wird ein neues Formular angezeigt, in dem dieselben Angaben über den Rechnungsempfänger zu machen sind. Per Standard werden die Daten des vorherigen Formulars vorgegeben. Diese Daten sind überschreibbar.

Bei Betätigung des Buttons zur endgültigen Bestellung werden nacheinander die Pipelines plan.pcf und purchase.pcf durchlaufen. Die Plan Pipeline entspricht dem Standard, die Purchase Pipeline wurde etwas geändert. In der Stufe Accept gibt es eine Scriptor Komponente, eine MakePO Komponente und zwei SendSMTP

Komponenten.

In der Scriptor Komponente werden die E-Mail Adressen der Empfänger der Bestellanforderungen und der Betreff der E-Mail hinterlegt bzw. aus mehreren Variablen zusammengesetzt[78]. In der MakePO Komponente wird eine formatierte Vorlage für den Body der Mail eingelesen, welche mit den Variablen aus dem OrderForm Objekt gefüllt werden. Die zwei SendSMTP Komponenten werden verwendet, um je eine Mail mit der Bestellung an den Bestellenden und an den Zuständigen im Fachbereich MKS zu senden. Die Bestellung wird zu Nachverfolgungszwecken in der Datenbank gespeichert.

Neben dem eigentlichen Shop sind Pflegeseiten angelegt worden, die es ermöglichen die Anwendungen über einen Browser zu verwalten (s. Abb. 29).

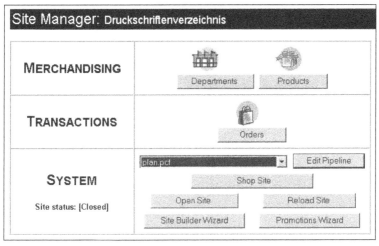

Abbildung 29: Site Manager des Druckschriftenverzeichnisses

Der Site Manager der Anwendung wird über Assistenten im Unterverzeichnis Manager generiert. Hier ist es möglich neue Abteilungen und Produkte anzulegen bzw. diese generell zu verwalten. Bestellungen können verfolgt und die verwendeten Pipelines bearbeitet werden. Über den Promotions Wizard lassen sich Verkaufsaktionen starten. Der Site Manager wird über NTFS Berechtigungen auf Dateisystemebene geschützt.

---

[78] Die E-Mail Adresse eines Empfängers muß beispielsweise aus dem OrderForm Objekt ausgelesen werden bzw. setzt sich der Betreff aus einem String und dem Namen des Bestellenden zusammen.

Auf programmiertechnische Details soll in der Beschreibung dieses Prototypens nicht weiter eingegangen werden, da dies den Rahmen dieser Arbeit sprengen würde.

5.2.2.2. Gegenüberstellung von Prototyp und Anforderungskatalog

Im folgenden sollen zuerst die bereits im Prototyp realisierten Anforderungen angesprochenen werden. In der Entwurfsphase folgen Empfehlungen zu Realisierungsmöglichkeiten der noch offenen Anforderungen.

Als Bezugspunkt sollen die in Kapitel 5.2.1. dargestellten Anforderungen gelten.

Realisierte Anforderungen

- Druckschriften können ausgewählt werden und einem Warenkorb (mit Preisanzeige) hinzugefügt werden.
- Eine Suchfunktion ermöglicht es nach Druckschriften zu suchen.
- Die bereits in elektronischer Form vorhandenen Dokumente werden mit einem Link in der Beschreibungsseite des Produkts (product.asp) angezeigt. Diese können direkt aufgerufen und ausgedruckt werden.
- Die Filemaker Tabelle kann, wenn sie bereinigt und in einen konsistenten Zustand überführt wurde, auf den SQL Server portiert werden.
- Eine Pflege der Anwendung ist größtenteils über den Webbrowser möglich. Gesichert wird die Seite mit NTFS Security.
- Die Bestellungen werden per Mail ausgelöst.

Darüber hinaus wurde ein kleines Beispiel des möglichen Einsatzes von Personalisierungsfeatures in der Anwendung gezeigt.

5.2.3. Entwurf

Dieser Prototyp diente primär der Visualisierung eines möglichen Erscheinungsbildes und den gegebenen funktionalen Möglichkeiten einer Anwendungsrealisierung auf der Basis von MS Site Server Commerce Edition. Der heutige Entwicklungsprozeß steht an dieser Stelle.

Auf der Basis dieses Prototypen sollte mit dem Fachbereich ein gemeinsamer Entwurf für die Entwicklung der Anwendung definiert werden. Die Erfahrung zeigte, daß spezifische Anforderungen oft erst nach dem ersten „Kontakt" mit einer „greifbaren" Anwendung von Seiten des Auftraggebers erfolgen. Desweiteren lassen sich unnötige Kosten durch eine exakte Definition im Vorfeld vermeiden. Studien ergaben, daß Änderungen an den Produktanforderungen in späteren Entwicklungsstadien einen exponential steigenden finanziellen und zeitlichen Aufwand nach sich ziehen. In dieser Phase sollte gemeinsam die interne Struktur der Anwendung festgelegt werden . Falls der entwickelte Prototyp die eigentlich zu realisieren gewünschten Anforderungen konzeptionell verfehlt, sollte hier bereits ein iterativer Sprung zurück in die Phase Analyse und Definition erfolgen (s. Abb. 20).

Für die weitere Vorgehensweise empfehle ich dem Fachbereich die Verantwortung zur Bereinigung des zu übernehmenden Filemaker-Datenbestandes zu übergeben.

Im Prototypen noch nicht realisierte Anforderungen und mögliche Lösungsvorschläge

- Es ist im Prototyp noch nicht möglich in Dateiform vorhandene Dokumente als Ausdruck direkt von der Hausdruckerei per E-Mail zu bestellen. Eine mögliche Lösung wäre auf der Beschreibungsseite des Produktes einen weiteren Button hinzuzufügen, der den Dokumentennamen mit einem eindeutigen Flag, der Druckaufträge kennzeichnet, dem Warenkorb hinzufügt. Falls es sich bei den Preisen für diese Leistung um keine Einheitspreise handelt, so sollte der Tabelle „product" eine zusätzliche Spalte für die jeweiligen Preise einzelner Druckaufträge hinzugefügt werden. Entsprechende Modifikationen müssen auch an der Purchase Pipeline durchgeführt werden. Diese sollte über eine Scriptor

Komponente verfügen, die jede einzelne Position im Warenkorb auf das Vorhandensein des Flags für einen Druckauftrag durchsucht und diese in ein zweites OrderForm Objekt kopiert. Eine dritte SendSMTP Komponente sollte eingefügt werden, die den Inhalt des neuen Objektes (nur Druckaufträge) enthält und diesen direkt an die Hausdruckerei übermittelt. Sowohl Auftraggeber als auch der Empfänger des gesamten Auftrages (MKS) enthalten durch diese späte Trennung von Dokumentenbestellungen und Druckaufträgen ohne weiteren programmiertechnischen Eingriff automatisch eine E-Mail über die Gesamtbestellung, während die Hausdruckerei lediglich den für sie relevanten Teilauftrag erhält. Das Flag für den Druckauftrag sollte bei der Generierung der E-Mail in eine verständliche Form umgesetzt werden[79].

- Die lediglich für den Fachbereichsverantwortlichen notwendigen Informationen, wie die hinzugefügten Datenbankspalten Basis und Sortierung, müßten in das Managertool integriert werden. D.h., daß die Werte dieser Spalten von den Managerseiten aus lesbar (select), modifizierbar (update) und löschbar (delete) sein müssen. Die Realisierung dessen ist durch die Definition je dreier SQL Statements[80] in der global.asa möglich, welche bei entsprechender Schlüssel- und Wertübergabe von den Managerseiten ausgeführt werden können.

Nach einer gemeinsamen Festlegung der internen Struktur kann bezüglich der Anforderungen von MKS in die Phase der Implementierung übergegangen werden.

In Bezug auf das im Prototypen integrierte Personalisierungsfeature empfehle ich dieses entweder außen vor zu lassen oder dieses so zu erweitern, daß die Formulare zur Eingabe der Liefer- und Rechnungsadresse nach der Authentifikation des Kundens vorbelegt werden. Hierfür sind sowohl die beiden Skripte, welche die Formulare zur Eingabe der Liefer- und Rechnungsadressen enthalten, als auch die Attribute der Klasse Member im MD entsprechend zu erweitern.

Bezüglich des Wunsches der Informatik mit dem Druckschriftenverzeichnis ein

---

[79] Beispielsweise könnte der Flag „PrintXT315" sein. In der E-Mail könnte diese in „Druckauftrag an Hausdruckerei" umgesetzt werden.

[80] Je eines pro Spalte

Template für weitere B2C Anwendungen im Intranet zu erhalten, empfehle ich eine programmiertechnische Überarbeitung einzelner ausgelieferter Komponenten. Beispielsweise sind innerhalb der Scriptor-Komponente der Pipeline zwei Funktionen vorhanden, welche auf den ersten Blick wie Konstruktoren und Destruktoren einer Klasse aussehen. Diese haben real keinen funktionalen Wert und erhöhen unnötig die Antwortzeiten. Das HTML basierte Verwaltungsskript editdictionary.asp[81] zur Administration der Rahmenbedingungen von Commerce Sites sollte programmiertechnisch erweitert werden[82].

5.2.4. Implementierung und Test

Die Rahmenbedingungen der Anwendung werden mit dem Commerce Suite Builder Wizard erstellt, welcher parametrisierte Active Server Pages generiert. Diese Skripte werden entsprechend der individuellen Anforderungen des Fachbereiches weiterentwickelt. Als Programmiersprache bietet sich VBSkript an, da die generierten ASPs bereits VBSkript als Skriptsprache verwenden.

Die Zuständigkeit für die eigentliche Implementierung dieser Anwendung ist bis dato nicht geklärt, da innerhalb der ZF Friedrichshafen AG keine Kapazitäten für solch eine Anwendungsentwicklung zur Verfügung stehen. In der Vergangenheit wurden derartige Anforderungen an die ortsansässige Firma MSL outgesourcet. Es ist dem Fachbereich frei überlassen deren Dienste in Anspruch zu nehmen.

Die Erfahrungen der Vergangenheit zeigen, daß mit einer klaren Definition solche Projektanforderungen kompetent umgesetzt werden. Dieses Phasenmodell kann als Grundlage für eine schnelle Entwicklung herangezogen werden und ist als Empfehlung für den weiteren Entwicklungsprozeß zu verstehen. Durch die Konfrontation mit dem Prototyp und den Empfehlungen für weitere Entwicklungsschritte sollten die konkreten Projektanforderungen relativ schnell und genau definiert werden können. Hierdurch sollte eine schnelle und kostengünstige Entwicklung gefördert werden. Einzelne Komponenten aus dem Prototyp können in

---

[81] Bei diesem Skript handelt es sich nicht um ein Tool, wie den Site Manager, welches den logischen Inhalt der Anwendung verwaltet, sondern um ein Administrationsskript, das die systembezogenen Parameter (Webserver-Instanzen, Ports, etc.) über die Anwendung selbst verwalten läßt.
[82] In der von Microsoft veröffentlichten Version dieses Skriptes ist es nicht möglich den physikalischen und virtuellen Pfad der Anwendung zu modifizieren!

die spätere Anwendung übernommen werden.

Nach der eigentlichen Anwendungsentwicklung wird die Applikation auf dem Testsystem eingerichtet. Bewährt sich die Anwendung im folgenden Integrations- und Abschlußtest, so kann sie auf das Produktivsystem übernommen und verwendet werden.

5.2.5. Einsatz und Wartung

Aufgrund der nicht vorhandenen Kapazitäten innerhalb der ZF Friedrichshafen sind programmiertechnische Anforderungen und Fehlerkorrekturen an der Anwendung i.d.R. nach extern zu vergeben. Bei kleineren Programmänderungen helfen die System- und Service- Abteilungen aus. Sowohl die Wartung der verwendeten Systemplattform als auch konzeptionelle Beratung wird intern von den bereits erwähnten Abteilungen gewährleistet.

6. Zusammenfassung und Ausblick

In dieser Arbeit wurden nach einer kurzen Einleitung die verschiedenen Module von MS Site Server vorgestellt. In Kapitel drei wurde das Konzept der Personalisierung auf der Basis des P&M Modules, unter Verwendung verschiedener Authentifizierungsmodi, Microsofts derzeitiger Implementierung eines Directory Services und dem offenen Standard LDAP vorgestellt. Hierbei standen die konzeptionellen Möglichkeiten im Vordergrund. Die Möglichkeiten des Systems wurden erläutert und ein EPK als methodische Vorgehensweise zur Entscheidungsfindung eines angemessenen Authentifizierungsverfahren entwickelt. Die programmiertechnische Realisierung wurde angesprochen.

Kapitel vier widmete sich dem Commerce Server. Die Unterschiede zwischen B2C und B2B Anwendungen wurden erarbeitet und die vordefinierte Architektur von entsprechenden Site Fundamenten vorgestellt. Die Funktionsweisen, Strukturen und Tools der wichtigsten Komponenten wurden erläutert.

Kapitel fünf veranschaulichte die Einsatzmöglichkeiten der bereits vorgestellten Module P&M und MSCS anhand eines entwickelten Prototypens. Des weiteren wurde die Vorgehensweise zur Entwicklung der spezifischen Projektanforderung des Druckschriftenverzeichnisses erarbeitet.

Ich sehe den Site Server und MSCS als zwei mächtige Produkte in Microsofts Back Office Welt an, die in der heutigen Version noch nicht vollends ausgereift sind, aber einen zukunftsorientierten Weg weisen. Die Logik von Commerce Server Anwendungen liegt in Form von offenen Skripten vor, welche schnell modifiziert und erweitert werden können. Eine Anbindung der restlichen Back Office Server ist über ASP möglich. Dieses Konzept ist offen und skalierbar. Das P&M Modul hält sich mit X.500 und LDAP an international offene Standards. Dies ist ein für Microsoft ungewöhnlicher, aber im Hinblick auf die Integration in heterogene Systeme, richtiger Schritt. Windows 2000 soll hier anknüpfen und das Domänen Konzept auf der Basis eines Verzeichnis-Dienstes, namens Active Directory Service, ablösen. Die nächste Version von Site Server ist in drei verschiedenen umfangreichen Ausgaben (Editions) angedacht.

Bleibt Microsoft bei diesem offenen Konzept, entwickelt dieses weiter und eliminiert die in der derzeitigen Version noch vorhandenen Bugs, so ist mit einem nahtlos in die Back Office Welt integrierbaren Hochleistungsserver für Commerce Anwendungen zu rechnen, der noch einige Marktanteile gewinnen kann.

Literaturverzeichnis

HOWARD/ Robert, Site Server 3.0 Personalization and Membership, Using ASP and ADSI, Birmingham: 1998 Wrox

APOSTOLOPOULOS/ Nick, BERNAL/ Joey, EDENS/ Steve, et al., Site Server 3.0 Professional, Birmingham: 1999 Wrox

KRAUSE/ Jörg, Site Server 3.0, Die eCommerce-Lösung im Microsoft BackOffice, München: 1999 Addison-Wesley

DONOVAN/ John J., The Second Industrial Revolution, Upper Saddle River: 1997 Prentice Hall PTR

MATTES/ Frank, Management by Internet, Feldkirchen: 1997 Franzis-Verlga GmbH

HETTIHEWA/ Sanjaya, Active Server Pages in 14 Tagen, München: 1998 SAMS

KRAUSE/ Jörg, Microsoft Active Server Pages, München: 1998 Addison-Wesley

KATTNER/ Holger, RODAX/ Holm, Windows NT 4.0 im Internet, Bonn: 1998 Addison-Wesley

Microsoft Internet Information Server, Die technische Referenz, Unterschleißheim: 1998 Microsoft Press

Microsoft Internet Information Server und Microsoft Proxy Server, Unterschleißheim: 1998 Microsoft Press

Microsoft Windows NT Server 4.0 für Netzerkadministratoren, Unternehmenstechnologien, Unterschleißheim: 1998, Microsoft Press

Microsoft Windows NT 4.0 Training, Netzwerkadministration, Unterschleißheim: 1997 Microsoft Press

KLEIN/ Pit, Bitte eintreten, in Internet World, Heft 7, 1999, S. 34-36

Die Diplomarbeiten Agentur vermarktet seit 1997 erfolgreich
Wirtschaftsstudien, Diplomarbeiten, Magisterarbeiten, Dissertationen
und andere Studienabschlußarbeiten aller Fachbereiche und Hochschulen.

Seriosität, Professionalität und Exklusivität prägen unsere Leistungen:

- Kostenlose Aufnahme der Arbeiten in unser Lieferprogramm
- Faire Beteiligung an den Verkaufserlösen
- Autorinnen und Autoren können den Verkaufspreis selber festlegen
- Effizientes Marketing über viele Distributionskanäle
- Präsenz im Internet unter **http://www.diplom.de**
- Umfangreiches Angebot von mehreren tausend Arbeiten
- Großer Bekanntheitsgrad durch Fernsehen, Hörfunk und Printmedien

Setzen Sie sich mit uns in Verbindung:

Diplomica GmbH
Hermannstal 119k
22119 Hamburg

Fon: 040 / 655 99 20
Fax: 040 / 655 99 222

agentur@diplom.de
www.diplom.de

Diplom.de

- **Online-Katalog**
  mit mehreren tausend Studien

- **Online-Suchmaschine**
  für die individuelle Recherche

- **Online-Inhaltsangaben**
  zu jeder Studie kostenlos einsehbar

- **Online-Bestellfunktion**
  damit keine Zeit verloren geht

**Wissensquellen
gewinnbringend nutzen.**

**Wettbewerbsvorteile
kostengünstig verschaffen.**

www.ingramcontent.com/pod-product-compliance
Lightning Source LLC
LaVergne TN
LVHW092345060326

832902LV00008B/809